AS RELIGIÕES NO RIO

JOÃO DO RIO
AS RELIGIÕES NO RIO

Organização e notas
João Carlos Rodrigues

6ª edição

Rio de Janeiro, 2024

Apresentação e notas © João Carlos Rodrigues, 2006

Capa
Axel Sande

CIP-Brasil. Catalogação na fonte
Sindicato Nacional dos Editores de Livros, RJ.

J58r
6ª ed.

João, do Rio, 1881-1921
    As religiões no Rio / João do Rio; [apresentação: João Carlos Rodrigues]. – 6ª ed. – Rio de Janeiro: José Olympio, 2024.

    ISBN 978-85-03-00905-8

    1. Rio de Janeiro (RJ) – Usos e costumes religiosos. 2. Negros – Religião – Rio de Janeiro (RJ). 3. Cultos afro-brasileiros – Rio de Janeiro. 4. Rio de Janeiro (RJ) – História. I. Título. II. Série.

15-1068

CDD – 200.981531
CDU – 2(815.31)

Texto revisado segundo o novo Acordo Ortográfico da Língua Portuguesa.

Reservam-se os direitos desta edição à
EDITORA JOSÉ OLYMPIO LTDA.
Rua Argentina, 171 – 3º andar – São Cristóvão
20921-380 – Rio de Janeiro, RJ – República Federativa do Brasil
Tel.: (21) 2585-2060

Atendimento e venda direta ao leitor:
sac@record.com.br

ISBN 978-85-03-00905-8

Printed in Brazil / Impresso no Brasil

SUMÁRIO

Apresentação, João Carlos Rodrigues   7

As religiões no Rio   15

No mundo dos feitiços   17

A igreja positivista   79

Os maronitas   91

Os fisiólatras   101

O movimento evangélico   119

A ACM   153

O satanismo   169

Os exorcismos   193

As sacerdotisas do futuro   205

A Nova Jerusalém   219

O culto do mar   227

O espiritismo   237

As sinagogas   261

APRESENTAÇÃO

Entre janeiro e março de 1904, foram publicadas na *Gazeta de Notícias* do Rio de Janeiro as reportagens de um jovem jornalista de 25 anos, intituladas *As religiões no Rio*. Seu nome era Paulo Barreto e desde novembro do ano anterior adotara o pseudônimo João do Rio, que lhe trouxe fama e fortuna. O sucesso foi tão estrondoso que, antes mesmo do final do ano, elas foram publicadas em volume pela prestigiosa livraria Garnier, tornando-se imediatamente um best-seller que alcançou nos anos seguintes a surpreendente edição de dez mil exemplares!

Para melhor se compreender a origem desse sucesso, é preciso saber um pouco da imprensa carioca (e brasileira) do início do século XX. Segundo Luiz Edmundo em *O Rio de Janeiro do meu tempo*:

> o jornal, na alvorada do século, é ainda a anêmica, clorótica e inexpressiva gazeta da velha monarquia (...) Poucas páginas de texto, quatro ou oito (...) Paginação sem movimento ou graça. Colunas frias, monotonamente alinhadas, jamais abertas. Títulos curtos (...)

> Desconhecimento das manchetes e outros processos jornalísticos (...) Tempo do soneto na primeira página, dedicado ao diretor ou ao redator principal (...) Começa, geralmente, pelo artigo de fundo (...) de ar imponente e austero, mas rigorosamente vazio de opinião.

Tudo isso começa a ir por água abaixo quando a *Gazeta de Notícias* e o *Jornal do Brasil* adotam as novidades da imprensa europeia, então a mais moderna do mundo. Charges e fotografias iluminam as novas páginas, com as notícias realçadas por destaques em letras garrafais. "O Rio moderniza-se", disse o cronista Figueiredo Pimentel.

Entre os novos recursos jornalísticos incluíam-se a reportagem e a entrevista, que são a base de *As religiões no Rio*. Muito se tem falado da inspiração francesa desses escritos, embora no prefácio do livro o autor declare ter se inspirado numa ideia de Victor Viana, "o publicista excepcional (...) dos meus amigos de menino". Na realidade, o jornal *Le Figaro* publicara em 1898 uma série assinada por Jules de Bois, também reunida em livro sob o título de *Les petites religions de Paris*. Apesar dessa coincidência, vejo mais diferenças do que semelhanças entre as duas obras, o que pode ser melhor verificado no cotejamento entre os capítulos que abordam o mesmo tema. São eles *Les swendenborgiens/A nova Jerusalém*; *Vintras, Boullan et le Satanisme/O satanismo* e *Le culte de l'Humanité/A igreja positivista*.

As religiões no Rio é um livro eclético e fascinante. Há capítulos que beiram a estrutura intrincada das obras de ficção decadentista, como *A missa negra*, meio saída do *Lá-bas* de Huyssmans, no qual João do Rio aborda nas entrelinhas o tema tabu do homossexualismo, que conhecia tão bem na sua vida íntima. Outros revelam a confusão e pretensão de uma seita hoje extinta (*Os fisiólatras*), cujo mestre, o enigmático Magnus Sondhal, era seu colega de redação e foi um dos entrevistados do seu segundo livro (*O momento literário*), ao lado de escritores consagrados como Coelho Neto e Olavo Bilac.

A maioria, entretanto, é histórico-informativa: maronitas, presbiterianos, metodistas, batistas, adventistas, israelitas, espíritas, cartomantes e até um frei exorcista do morro do Castelo (única presença da Igreja Católica em toda obra!) são catalogados, descritos e observados com atenção e curiosidade.

Mais importantes, no entanto, são as cinco matérias pioneiras sobre os cultos afro-brasileiros. Digo pioneiras porque os estudos do professor Nina Rodrigues, feitos na Bahia, tinham circulação restrita e só foram publicados quase 30 anos depois de seu falecimento em 1906, no volume *Os africanos no Brasil*. É interessante assinalar que tanto Rodrigues quanto João do Rio frisam a importância cultural dos negros do Golfo da Guiné (iorubás e outros das atuais repúblicas da Nigéria, Benin e Togo), quando todos os cronistas anteriores (em geral viajantes estrangeiros) só se referiam aos oriundos de Angola e do Congo, majoritários no ambiente rural. *As religiões no Rio*, portanto, apresentou para o grande público as primeiras descrições da iniciação de uma iaô, a festa do egungun, a hierarquia sacerdotal do candomblé, os malês (muçulmanos negros) e mesmo o panteão dos orixás.

As constituições brasileiras do período republicano sempre asseguraram a liberdade religiosa, porém o Código Penal punia o uso comercial das superstições e a exploração da credulidade pública. Os cultos afro-brasileiros eram frequentemente enquadrados como infração da lei e perseguidos pela polícia, fato que perdurou até os anos 30. Portanto, houve um certo mal-estar entre seus seguidores quando as reportagens foram publicadas, pois revelavam nomes e endereços de pessoas reais, e temia-se uma onda de repressão em massa, que não aconteceu. Alguns babalorixás chegaram a interpelar a direção do jornal para obter o nome do informante do jornalista, um personagem de ficção que reunia traços de mais de uma pessoa real.

João do Rio registra alguns personagens da negritude carioca de então, como João Alabá, "um negro rico e sabichão" e Hilária Batista de Almeida (a famosa Tia Ciata), grande festeira e "feiticeira de embromação", hoje celebrados por sua atividade comunitária no surgimento do samba carioca. De formação positivista, ele observou os cultos com olhar científico e distante. Mulato claro pertencente à alta cultura (seu pai era professor de matemática e astronomia do Ginásio Nacional, hoje Colégio Pedro II), ele sintomaticamente não estabelece nenhum vínculo de identidade com os negros e mulatos da classe baixa, sempre tratados na terceira pessoa. Mas longe estamos de um preconceito específico. Em dado momento, depois de horrorizar-se com a possessão das filhas de santo, as espertezas dos adivinhadores, a importância do dinheiro e a matança dos animais, conclui: "que mais fazem esses negros do que fizeram todas as religiões conhecidas?"

Nada disso diminui sua qualidade como autor nem a importância do livro. Que se calem certos pesquisadores militantes, que julgam escritos de 1904 pelos conceitos do século XXI, com acusações de "negro de alma branca", "dedo-durismo" das classes desfavorecidas e outros radicalismos que beiram uma asneirada. João do Rio é hoje reconhecido como o mais talentoso de todos os cronistas da cidade do Rio de Janeiro. E o valor antropológico da obra pode ser bem aferido no parecer da Comissão de História do Instituto Histórico e Geográfico Brasileiro (composta por Silvio Romero, B.T. de M. Leite Velho e o Visconde de Ouro Preto), publicado na sua revista, em 20 de maio de 1907:

> O livro *As religiões no Rio,* do sr. Paulo Barreto, é único em seu gênero na literatura brasileira. Nós já possuímos, por certo, vários quadros de costumes, principalmente no romance, no drama, na comédia e em obras de viagem; não possuímos, porém, um quadro social, tão palpitante de interesse, como esse que o jovem dedicou às crenças religiosas do Rio de Janeiro. (...) Escrito com verve, graça e cintilação de estilo, o livro é uma verdadeira joia que deve ser apreciada pelos leitores competentes. Tem cunho histórico, porque fotografa o estado d'alma fluminense num período de sua evolução.

Para a presente edição foi feito um meticuloso cotejamento entre a primeira e os artigos da *Gazeta* que a originaram. Para melhor compreensão do leitor dos nossos dias, foram também incluídas notas de pé de página, sempre que necessário.

João Carlos Rodrigues

As religiões no Rio

A religião? Um misterioso sentimento, misto de terror e de esperança, a simbolização lúgubre ou alegre de um poder que não temos e almejamos ter, o desconhecido avassalador, o equívoco, o medo, a perversidade...

O Rio, como todas as cidades nestes tempos de irreverência, tem em cada rua um templo e em cada homem uma crença diversa.

Ao ler os grandes diários, imagina a gente que está num país essencialmente católico, onde alguns matemáticos são positivistas. Entretanto, a cidade pulula de religiões. Basta parar em qualquer esquina, interrogar. A diversidade dos cultos espantar-vos-á. São swendenborgianos, pagãos literários, fisiólatras, defensores de dogmas exóticos, autores de reformas da vida, reveladores do futuro, amantes do Diabo, bebedores de sangue, descendentes da rainha de Sabá, judeus, cismáticos, espíritas, babalaôs de Lagos, mulheres que respeitam o oceano, todos os cultos, todas as crenças, todas as forças do Susto. Quem através da calma do semblante lhes adivinhará as tragédias da alma? Quem no seu andar tranquilo de homens sem paixão irá descobrir os reveladores de ritos novos, os mágicos, os nevropatas, os delirantes, os possuídos de Satanás, os mistagogos da Morte, do Mar e do Arco-íris? Quem poderá perceber, ao conversar com estas criaturas, a luta fratricida por causa da interpretação da Bíblia, a luta que faz mil religiões à espera de Jesus, cuja reaparição está marcada para qualquer destes dias, e à espera do Anticristo, que talvez ande por aí? Quem imaginará cavalheiros distintos em intimidade com almas desencarnadas, quem desvendará a conversa com os anjos nas chumbergas[1] fétidas?

Eles vão por aí, papas, profetas, crentes e reveladores, orgulhosos cada um do seu culto, o único que é a Verdade. Falai-lhes boamente, sem intenção de agredi-los, e eles se confessarão — porque só uma coisa é impossível ao homem: enganar o seu semelhante, na fé.

Foi o que fiz na reportagem para a qual a *Gazeta de Notícias* emprestou uma tão larga hospitalidade e um tão grande ruído; foi este o meu esforço: levantar um pouco o mistério das crenças nesta cidade.

Não é um trabalho completo. Longe disso. Cada uma dessas religiões daria farta messe para um volume e revelações, eu apenas entrevi a bondade, o mal e o bizarro dos cultos, mas tão convencido e com tal desejo de ser exato que bem pode servir de epígrafe a este livro a frase de Montaigne:

Ceci est un livre de bonne foi.

João do Rio

---

[1]Chumberga, chomberga ou xumberga: relativo à bebedeira. No texto: casa de bebidas; birosca.

NO MUNDO DOS FEITIÇOS

Os feiticeiros

Antônio é como aqueles adolescentes africanos de que fala o escritor inglês. Os adolescentes sabiam dos deuses católicos e dos seus próprios deuses, mas só veneravam o uísque e o xelim.[2]

Antônio conhece muito bem N. Sª. das Dores, está familiarizado com os orixalás[3] da África, mas só respeita o papel-moeda e o vinho do Porto. Graças a esses dois poderosos agentes, gozei da intimidade de Antônio, negro inteligente e vivaz; graças a Antônio, conheci as casas das ruas de São Diogo, Barão de São Félix, Hospício, Núncio e da América, onde se realizam os candomblés e vivem os pais de santo. E rendi graças a Deus, porque não há decerto, em toda a cidade, meio tão interessante.

---

[2]*Schiling*: uma das subdivisões monetárias da libra esterlina.
[3]Denominação de Obatalá ou Oxalá, que significa "o grande orixá" na língua iorubá. O autor talvez quisesse dizer orixás, ou seja, do candomblé.

— Vai V.Sª. admirar muita coisa! — dizia Antônio a sorrir; e dizia a verdade.

Da grande quantidade de escravos africanos vindos para o Rio no tempo do Brasil colônia e do Brasil monarquia, restam uns mil negros. São todos das pequenas nações do interior da África, pertencem aos ijexá, oió, aboum, hauçá, itaqua, ou se consideram filhos dos ibouam, ixáu, dos jejes e dos cabindas. Alguns ricos mandam a descendência brasileira à África para estudar a religião, outros deixam como dote aos filhos cruzados daqui os mistérios e as feitiçarias. Todos, porém, falam entre si um idioma comum: o eubá.[4]

Antônio, que estudou em Lagos, dizia:

— O eubá para os africanos é como o inglês para os povos civilizados. Quem fala o eubá pode atravessar a África e viver entre os pretos do Rio. Só os cabindas[5] ignoram o eubá, mas esses ignoram a própria língua, que é muito difícil. Quando os cabindas falam, misturam todas as línguas... agora, os orixás e os alufás só falam o eubá.

— Orixás, alufás? — fiz eu, admirado.

— São duas religiões inteiramente diversas. Vai ver.

Com efeito. Os negros africanos dividem-se em duas grandes crenças: os orixás e os alufás.

---

[4]Egbá (pronuncia-se ebá): Reino iorubá do sul da Nigéria, de onde foram exportados muitos escravos para o Brasil; denominam-se assim também seu idioma e seus habitantes.
[5]Os cabindas, originários de Angola, ao contrário dos outros povos citados — todos subdivisões dos iorubá, ou seu vizinhos — pertencem a um outro grupo linguístico, o banto.

Os orixás,[6] em maior número, são os mais complicados e os mais animistas. Litólatras[7] e fitólatras,[8] têm um enorme arsenal de santos, confundem os santos católicos com os seus santos e vivem a vida dupla, encontrando em cada pedra, em cada casco de tartaruga, em cada erva, uma alma e um espírito. Essa espécie de politeísmo bárbaro tem divindades que se manifestam e divindades invisíveis. Os negros guardam a ideia de um Deus absoluto como o Deus católico: Orixá-alum.[9] A lista dos santos é infindável. Há o Orixalá,[10] que é o mais velho; Axum,[11] a mãe-d'água doce; Iemanjá, a sereia; Exu, o Diabo, que anda sempre detrás da porta; Sapanam,[12] o santíssimo sacramento dos católicos; o Irocô, cuja aparição se faz na árvore sagrada da gameleira; o Gunocô, tremendo e grande; o Ogum, São Jorge ou o Deus da guerra; a Dadá, a Orainha, que são invisíveis, e muitos outros, como o santo do trovão;[13] e o santo das ervas.[14] A juntar a esta coleção complicada, têm os negros ainda os espíritos maus e os eledás ou anjos da guarda.

---

[6]Assim João do Rio denomina os seguidores do candomblé.
[7]Indivíduos que cultuam pedras.
[8]Indivíduos que cultuam plantas.
[9]Olorum, o criador do mundo, o dono dos céus. Não é cultuado nem no Brasil nem na África.
[10]Oxalá ou Obatalá ou Orixanlá.
[11]Oxum.
[12]Xapanã ou Xampanã; no Brasil mais conhecido pelos nomes de Omolú, quando velho e trôpego, e Obaluaiê, quando jovem e vigoroso.
[13]Yansan ou Iansã.
[14]Ossãe ou Ossanhe.

É natural que para corresponder à hierarquia celeste seja necessária uma hierarquia eclesiástica. As criaturas vivem em poder do invisível e só quem tem estudos e preparo pode saber o que os santos querem. Há por isso grande quantidade de autoridades religiosas. Às vezes encontramos nas ruas negros retintos que mastigam sem cessar. São babalaôs,[15] matemáticos geniais, sabedores dos segredos santos e do futuro da gente; são babás que atiram o endilogum,[16] são babaloxás,[17] pais de santos veneráveis. Nos lanhos da cara puseram o pó da salvação e na boca têm sempre o obi, noz-de-cola, boa para o estômago e asseguradora das pragas.

Antônio, que conversava dos progressos da magia na África, disse-me um dia que era como Renan e Shakespeare: vivia na dúvida. Isso não o impedia de acreditar nas pragas e no trabalho que os santos africanos dão.

— V. Sª. não imagina! Santo tem a festa anual, aparece de repente à pessoa em que se quer meter e esta é obrigada logo a fazer festa; santo comparece ao juramento das iaôs[18] e passa fora, do Carnaval à Semana Santa; e logo quer mais festa... Só descansa mesmo de fevereiro a abril.

— Estão veraneando.

---

[15]Sacerdote dedicado ao culto de Ifá, leitura dos opelê.
[16]Erindilogum. Jogo de adivinhação através de búzios. Diz-se "jogar os búzios".
[17]Babalorixá, de *baba* (pai) e *orixá* (divindade). O feminino é ialorixá, de *iyá* (mãe) e *orixá* (divindade).
[18]Iaô; filha de santo; iniciada no rito do candomblé.

— No carnaval os negros fazem ebó.
— Que vem a ser ebó?
— Ebó é despacho. Os santos vão todos para o campo e ficam lá descansando.
— Talvez estejam em Petrópolis.
— Não. Santo deixa a cidade pelo mato, está mesmo entre as ervas.
— Mas quais são os cargos religiosos?
— Há os babalaôs, os açobá,[19] os aboré,[20] grau máximo, as mães-pequenas,[21] os ogãs,[22] as ajibonã...

A lista é como a dos santos, muito comprida, e cada um desses personagens representa papel distinto nos sacrifícios, nos candomblés e nas feitiçarias. Antônio mostra-me os mais notáveis, os pais de santo: Oluou, Eruosaim, Alamijô, Adé-oié, os babalaôs Emídio, Oloô-teté, que significa treme-treme, e um bando de feiticeiros: Torquato Requipá ou fogo para-chuva, Obitaiô, Vagô, Apotijá, Veridiana, Crioula Capitão, Rosenda, Nosuanan, a célebre Xica de Vavá, que um político economista protege...

— A Xica tem proteção política?

---

[19]Título do cargo dos que, no rito do candomblé, preparam as cabaças para os ritos religiosos.
[20]Título do mais alto (por antiguidade ou idade) dos sacerdotes do candomblé.
[21]Auxiliar da mãe de santo, encarregada de fiscalizar a iniciação das iaôs, ou filhas de santo.
[22]Ogan; título dos benfeitores ou protetores de um terreiro de candomblé.

— Ora se tem! Mas que pensa o senhor? Há homens importantes que devem quantias avultadas aos alufás e babalaôs que são grau 53 da maçonaria.

Dessa gente, poucos leem. Outrora, ainda havia sábios que destrinchavam o livro sagrado e sabiam porque Exu é mau — tudo direitinho e claro como a água. Hoje a aprendizagem é feita de ouvido. O africano egoísta pai de santo, ensina ao aboré, às iaôs, quando lhes entrega a navalha, de modo que não só a arte perde muitas das suas fases curiosas como as histórias são adulteradas e esquecidas.

— Também agora não é preciso saber o Saó Hauin. Negro só olhando e sabendo o nome da pessoa pode fazer mal — diz Antônio.

Os orixás são em geral polígamos. Nessas casas das ruas centrais de uma grande cidade, há homens que vivem rodeados de mulheres, e cada noite, como nos sertões da África, o leito dos babaloxás é ocupado por uma das esposas. Não há ciúmes, a mais velha anuncia quem a deve substituir, e todas trabalham para a tranquilidade do pai. Oloô-teté, um velho que tem 90 anos no mínimo, ainda conserva a companheira nas delícias do himeneu,[23] e os mais sacudidos transformam as filhas de santo em huris[24] de serralho.[25]

---

[23]Casamento.
[24]Virgem de grande beleza que, segundo o Alcorão, desposará o muçulmano no Paraíso.
[25]Harém.

Os alufás[26] têm um ritmo diverso. São maometanos com um fundo de misticismo. Quase todos dão para estudar a religião, e os próprios malandros que lhes usurpam o título sabem mais que os orixás.

Logo depois do *suma* ou batismo e da circuncisão ou *kola*, os alufás habilitam-se à leitura do Alcorão. A sua obrigação é o *kissium*, a prece. Rezam ao tomar banho, lavando a ponta dos dedos, os pés e o nariz, rezam de manhã, rezam ao pôr do sol. Eu os vi, retintos, com a cara reluzente entre as barbas brancas, fazendo o *aluma gariba*, quando o crescente lunar aparecia no céu. Para essas preces, vestem o abadá, uma túnica branca de mangas pendidas, enterram na cabeça um filá[27] vermelho, donde pende uma faixa branca, e, à noite, o *kissium* continua, sentados eles em pele de carneiro ou de tigre.

— Só os alufás ricos sentam-se em peles de tigre — diz-nos Antônio.

Essas criaturas contam à noite o rosário ou tessubá, têm o preceito de não comer carne de porco, escrevem as orações numas tábuas, as *atôs*, com tinta feita de arroz

---

[26] Assim eram denominados no Brasil os chefes religiosos muçulmanos de origem africana. Chamados na Bahia de malês, pertenciam geralmente às etnias hauçá, fulani, bornú ou tapa (nupé). Eram evitados pelos donos de escravos por sua rebeldia e altivez, e um grande número comprou a própria liberdade e a de seus companheiros com o suor de seu trabalho. No início do século XIX, encabeçaram várias rebeliões em Salvador, a última das quais, em 1835, causou a expulsão da maioria, mandada de volta à África.
[27] Gorro cônico usado entre os negros maometanos.

queimado, e jejuam como os judeus 40 dias a fio, só tomando refeições de madrugada e ao pôr do sol.[28]

Gente de cerimonial, depois do assumi, não há festa mais importante como a do Ramadã, em que trocam o sacá ou presentes mútuos. Tanto a sua administração religiosa como a judiciária estão por inteiro independentes da terra em que vivem.

Há em várias tribos vigários-gerais ou ladamos[29] obedecendo ao lemano,[30] o bispo, e a parte judiciária está a cargo dos alicalis, juízes, sagabamo, imediatos de juízes, e assivajiú, mestre de cerimônias.

Para ser alufá é preciso grande estudo, e esses pretos que se fingem sérios, que se casam com gravidade, não se deixam também de fazer amuré[31] com três ou quatro mulheres.

— Quando o jovem alufá termina o seu exame, os outros dançam o *opa-suma* e conduzem o iniciado a cavalo pelas ruas, para significar o triunfo.

— Mas essas passeatas são impossíveis aqui — brado eu.

— Não são. As cerimônias realizam-se sempre nas estações dos subúrbios, em lugares afastados, e os alufás vestem roupas brancas e o seu gorro vermelho.

---

[28] Na realidade, o jejum do Ramadã se faz entre o nascer e o pôr do sol.
[29] A grafia atual correta é ladane ou ladano. Trata-se, na realidade, do auxiliar do lemano.
[30] Sacerdote maometano; corruptela do árabe *al-iman*; mesmo que lemane.
[31] Casamento, entre os negros muçulmanos.

Naturalmente Antônio fez-me conhecer os alufás: Alicali, o lemano atual, um preto de pernas tortas, morador à rua Barão de São Félix, que incute respeito e terror; o Xico Mina,[32] cuja filha estuda violino; Alufapão; Ojó; Abacajebu; Ginjá; Mané, brasileiro de nascimento, e outros muitos.

Os alufás não gostam da gente de santo a que chamam *auauadó-chum*; a gente de santo despreza os bichos que não comem porco, tratando-os de malês. Mas acham-se todos relacionados pela língua, com costumes exteriores mais ou menos idênticos e vivendo de feitiçaria. Os orixás fazem sacrifícios, afogam os santos em sangue, dão-lhes comidas, enfeites e azeite de dendê.

Os alufás, superiores, apesar da proibição da crença, usam dos aligenum, espíritos diabólicos chamados para o bem e para o mal, num livro de sortes marcado com tinta vermelha e alguns, os maiores, como Alicali, fazem até *idams* ou as grandes mágicas, em que a uma palavra cabalística a chuva deixa de cair e obis aparecem em pratos vazios.

Antes de estudar os feitiços, as práticas por que passam as iaôs nas camarinhas e a maneira dos cultos, quis ter uma impressão vaga das casas e dos homens.

Antônio levou-me primeiro à residência de um feiticeiro alufá. Pelas mesas, livros com escrituras complicadas, ervas, coelhos, esteiras, um cálamo[33] de bambu finíssimo.

---

[32]O sobrenome Mina indica procedência do forte de Elmina, na Costa do Ouro, atual Gana.
[33]Instrumento para escrever.

Da porta o guia gritou.

— Salamaleco.

Ninguém respondeu.

— Salamaleco.

— Maneco Lassalama![34]

No canto da sala, sentado numa pele de carneiro, um preto desfiava o rosário, com os olhos fixos no alto.

— Não é possível falar agora. Ele está rezando e não quer conversar.

Saímos, e logo na rua encontramos o Xico Mina. Este veste, como qualquer um de nós, ternos claros e umas suíças cortadas rente. Já o conhecia de ver nos cafés concorridos, conversando com alguns deputados. Quando nos viu, passou rápido.

— Está com medo de perguntas. Xico gosta de fingir.

Entretanto, no trajeto que fizemos do largo da Carioca à praça da Aclamação,[35] encontramos, afora um esverdeado discípulo de Alicali, Omancheo, como eles dizem, duas mães de santo, um velho babalaô e dois babaloxás.

Nós íamos à casa do velho matemático Oloô-teté.

As casas dos minas conservam a sua aparência de outrora, mas estão cheias de negros baianos e de mulatos. São quase sempre rótulas lôbregas, onde vivem com o personagem principal cinco, seis ou mais pessoas. Nas salas, móveis quebrados e sujos, esteirinhas, bancos; por

---

[34]Corruptela das saudações árabes: *Al selam aleikum* (A paz esteja contigo) e *Aleikum al selam* (vice-versa).
[35]Atual praça da República.

cima das mesas, terrinas, pucarinhos de água, chapéus de palha, ervas, pastas de oleado onde se guarda o opelé,[36] nas paredes, atabaques, vestuários esquisitos, vidros; e no quintal, quase sempre jabutis, galinhas pretas, galos e cabritos.

Há na atmosfera um cheiro carregado de azeite de dendê, pimenta-da-costa e catinga. Os pretos falam da falta de trabalho, fumando grossos cigarros de palha. Não fosse a credulidade, a vida ser-lhes-ia difícil, porque em cada um dos seus gestos revela-se uma lombeira secular.

Alguns velhos passam a vida sentados, a dormitar.

— Está pensando! — dizem os outros.

De repente, os pobres velhos ingênuos acordam, com um sonho mais forte nessa confusa existência de pedras animadas e ervas com espírito.

— Xangô diz que eu tenho de fazer sacrifício!

Xangô, o deus do trovão, ordenou no sono, e o opelé, feito de cascas de tartaruga e batizado com sangue, cai na mesa enodoada para dizer com que sacrifício se contenta Xangô.

Outros, os mais malandros, passam a existência deitados no sofá. As filhas de santo, prostitutas algumas, concorrem para lhes descansar a existência, a gente que as vai procurar dá-lhes o supérfluo. A preocupação destes é saber mais coisas, os feitiços desconhecidos, e quando

---

[36] Opelé-ifá: tipo de colar ou rosário de búzios, utilizado para cerimônias de adivinhação; o citado por João do Rio é feito de pedaços de casca de tartaruga.

entra o que sabe todos os mistérios, ajoelham assustados, e beijam-lhe a mão, soluçando:

— Diz como se faz a cantiga e eu te dou todo o meu dinheiro!

À tarde, chegam as mulheres, e os que por acaso trabalharam em alguma pedreira. Os feiticeiros conversam de casos, criticam-se uns aos outros, falam com intimidade das figuras mais salientes do país, do imperador, de que quase todos têm o retrato, de Cotejipe,[37] do barão de Mamanguape,[38] dos presidentes da República.

As mulheres ouvem mastigando obi e cantando melopeias sinistramente doces. Essas melopeias são quase sempre as preces, as evocações, e repetem sem modalidade, por tempo indeterminado, a mesma frase.

Só pelos candomblés ou sessões de grande feitiçaria, em que os babalaôs estão atentos e os pais de santo trabalham dia e noite nas camarinhas ou fazendo evocações diante dos fogareiros com o teçubá na mão, é que a vida dessa gente deixa a sua calma amolecida de acaçá com azeite de dendê.

Quando entramos na casa de Oloô-Teté, o matemático macróbio e sensual, uma velha mina, que cantava sonambulicamente, parou de repente.

— Pode continuar.

---

[37] João Maurício Wanderley, barão de Cotejipe, mulato baiano, foi chefe do Partido Conservador, ministro do Império e opositor da Abolição e da República.
[38] Político paraibano do Segundo Império, partidário da Abolição.

Ela disse qualquer coisa de incompreensível.

— Está perguntando se o senhor lhe dá dois tostões — ensina-nos Antônio.

— Não há dúvida.

A preta escancara a boca, e, batendo as mãos, põe-se a cantar:

Baba ounlô, ó xocotám, ó ilélê

— Que vem a ser isso?

— É o final das festas, quando o santo vai embora. Quer dizer: papai já foi, já fez, já acabou; vai embora!

Eu olhava a réstia estreita do quintal onde dormiam jabutis.

— O jabuti é um animal sagrado?

— Não — diz-nos o sábio Antônio. — Cada santo gosta do seu animal. Xangô, por exemplo, come jabuti, galo e carneiro. Obaluaiê, pai da varíola, só gosta de cabrito. Os pais de santo são obrigados pela sua qualidade a fazer criação de bichos para vender e tê-los sempre à disposição quando precisam de sacrifício. O jabuti é apenas um bicho que dá felicidade. O sacrifício é simples. Lava-se bem, às vezes até com champanhe, a pedra que tem o santo e põe-se dentro da terrina. O sangue do animal escorre; algumas das partes são levadas para onde o santo diz e o resto a roda come.

— Mas há sacrifícios maiores para fazer mal às pessoas?

— Há! Para esses até se matam bois.

— Feitiço pega sempre, sentencia o ilustre Oloô-teté, com a sua prática venerável. Não há corpo fechado. Só que tem que uns custam mais. Feitiço para pegar em preto é um instante, para mulato já custa, e então para cair em cima de branco a gente sua até não poder mais. Mas pega sempre. Por isso preto usa sempre o *assiqui*, a cobertura, o breve, e não deixa de mastigar obi, noz-de-cola preservativa.

Para mim, homem amável, presentes alguns companheiros seus, Oloô-teté tirou o opelé que há muitos anos foi batizado e prognosticou meu futuro.

Esse futuro vai ser interessante. Segundo as cascas de tartaruga que se voltavam sempre aos pares, serei felicíssimo, ascendendo com a rapidez dos automóveis à escada de Jacó das posições felizes. É verdade que um inimigozinho malandro pretende perder-me. Eu, porém, o esmagarei, viajando sempre com cargos elevados e sendo admirado.

Abracei respeitoso o matemático que resolvera o quadrado da hipotenusa do desconhecido.

— Põe dinheiro aqui, fez ele.

Dei-lhe as notas. Com as mãos trêmulas, o sábio as apalpou longamente.

— Pega agora nesta pedra e nesta concha. Pede o que tiveres vontade à concha, dizendo sim, e à pedra dizendo não.

Assim fiz. O opelé caiu de novo no encerado. A concha estava na mão direita de Antônio, a pedra na esquerda, e Oloô tremia falando ao santo, com os negros dedos trêmulos no ar.

— Abra a mão direita! — ordenou.

Era a concha.

— Se acontecer, ossuncê[39] dá presente a Oloô?
— Mas decerto.
Ele correu a consultar o opelé. Depois sorriu.
— Dá, sim, santo diz que dá. — E receitou-me os preservativos com que eu serei invulnerável.
Também eu sorria. Pobre velho malandro e ingênuo! Eu perguntara apenas modestamente à concha do futuro se seria imperador da China...
Enquanto isso, a negra da cantiga entoava outra mais alegre, com grandes gestos e risos.

O loô-ré, xa-la-ré
Camurá-ridé
O loô-ré, xa-la-ré
Camurá-ridé

— E esta, o que quer dizer?
— É uma cantiga de Orixalá. Significa: "o homem do dinheiro está aí. Vamos erguê-lo..."
Apertei-lhe a mão jubiloso e reconhecido. Na alusão da ode selvagem a lisonja vivia o encanto da sua vida eterna...

As iaôs

A recordação de um fato triste — a morte de uma rapariga que fora à Bahia fazer santo — deu-me ânimo e curiosi-

---

[39]Corruptela de vassuncê, por sua vez corruptela de vossa mercê.

dade para estudar um dos mais bárbaros e inexplicáveis costumes dos fetiches do Rio.

Fazer santo é a renda direta dos babaloxás, mas ser filha de santo é sacrificar a liberdade, escravizar-se, sofrer, delirar.

Os transeuntes honestos, que passeiam na rua com indiferença, não imaginam sequer as cenas de Salpetrière[40] africana passadas por trás das rótulas sujas.

As iaôs abundam nesta Babel da crença, cruzando-se com a gente diariamente, sorriem aos soldados ébrios nos prostíbulos baratos, mercadejam doces nas praças, às portas dos estabelecimentos comerciais, fornecem ao hospício a sua cota de loucura, propagam a histeria entre as senhoras honestas e as *cocotes*, exploram e são exploradas, vivem da crendice e alimentam o caftismo inconsciente. As iaôs são as demoníacas e as grandes farsistas da raça preta, as obsedadas e as delirantes. A história de cada uma delas, quando não é sinistra pantomima de álcool e mancebia, é um tecido de fatos cruéis, anormais, inéditos, feitos de invisível, de sangue e de morte. Nas iaôs está a base do culto africano. Todas elas usam sinais exteriores do santo, as vestimentas simbólicas, os rosários e os colares com as cores preferidas da divindade a que pertencem; todas elas estão ligadas ao rito selvagem por mistérios que as obrigam a gastar a vida em festejos, a sentir o santo e a respeitar o pai de santo.

Fazer santo é colocar-se sob o patrocínio de um fetiche qualquer, é ser batizado por ele, e por espontânea vontade

---

[40]Hospício de Paris destinado às mulheres de idade avançada.

dele. As negras, insensíveis a quase todas as delicadezas que produzem ataques na *haute-gomme*, são, entretanto, de uma impressionabilidade mórbida por tudo quanto é abuso.[41] Da conveniência com os maiores nesse horizonte de chumbo, de atmosfera de feitiçaria e pavores, nasce-lhe a necessidade iniludível de fazer também o santo; e não é possível demovê-las, umas porque a miragem da felicidade as cega, outras porque já estão votadas à loucura e ao alcoolismo. Entre as tribos do interior da África, há o sacrifício do *agamum*,[42] em que se esmagam vivas as crianças de seis meses. Ao Moloch[43] das vesânias[44] a raça preta sacrifica aqui uma quantidade assustadora de homens e de mulheres.

Antônio, que me mostrara a maior parte das casas de santo, disse-me um dia:

— Vou levá-lo hoje a ver o 16º dia de uma iaô.

Para que uma mulher saiba a vinda do santo, basta encontrar na rua um fetiche qualquer, pedra, pedaço de ferro ou concha do mar. De tal maneira estão sugestionadas, que vão logo aos babalaôs indagar do futuro. Os babalaôs, a troco de dinheiro, jogam o edilogum,[45]

---

[41]Engano; ilusão; erro de percepção que faz tomar-se uma coisa por outra.
[42]Não foi possível localizar a origem desta citação, nem a sua veracidade.
[43]Segundo a Bíblia, deus dos amonitas, ao qual eram oferecidos sacrifícios de crianças.
[44]Denominação genérica das diversas formas de alienação mental.
[45]A grafia correta é erindilogum.

os búzios, e servem-se também por aproximação dos signos do zodíaco.

— O mês de Capricórnio — diz Antônio — compreende todos os animais parecidos, a cabra, o carneiro, o cabrito, e, segundo o cálculo do dia e o animal preferido pelo santo, os matemáticos descobrem quem é.

Quando já sabe o santo, o babalaô atira a sorte no opelé[46] para perguntar se é de dever fazê-lo. A natureza mesma do culto, a necessidade de conservar as cerimônias e a avidez de ganho da própria indolência fazem o sábio obter uma resposta afirmativa.

Algumas criaturas paupérrimas batem então nas faces e pedem:

— Eu quero ter o santo assentado!

É mais fácil. Os pais de santo dão-lhe ervas, uma pedra bem lavada, em que está o santo, um rosário de contas que se usa no pescoço depois de purificado o corpo por um banho. Nessas ocasiões, o vadio invisível contenta-se com o ebó, despacho, algumas comedorias com azeite de dendê, ervas e sangue, deixadas nas encruzilhadas dos caminhos.

Quase sempre, porém, as vítimas sujeitam-se, e não é raro, mesmo quando são pobres os pais, a aceitarem o trabalho com a condição de as vender em leilão ou serem servidos por elas durante longo tempo. Como as despesas são grandes, as futuras iaôs levam meses fazendo economias, poupando, sacrificando-se. É de obrigação levar

---

[46]No original está grafado erroneamente obelê.

comidas, presentes, dinheiro ao pai de santo para a sua estadia no *ilê axé* ou *ilê orixá*,[47] estadia que regula de 12 a 30 dias.

— Isto acontece só para as iaôs dos orixás — diz Antônio.

— Há outras?

— Há a dos negros cabindas.[48] Também essa gente é ordinária, copia os processos dos outros e está de tal forma ignorante que até as cantigas das suas festas tem pedaços em português.[49]

— Mas entre os cabindas tudo é diferente?

— Mais ou menos. Olhe por exemplo os santos. Orixalá é Ganga-zumba; Obaluaci, Cangira-mungongo; Exu, Cubango; Orixá-oco, Pombagira; Oxum, a Mãe-d'água, Sinhá Renga; Xapanã, Cargamella. E não é só aos santos dos orixás que os cabindas mudam o nome, é também aos santos das igrejas. Assim S. Benedito é chamado Lingongo; S. Antônio, Verequete; N. Sª. das Dores, Sinhá Samba.

Para os cabindas serve como santo qualquer pedra, os paralelepípedos, as lascas das pedreiras e esses pretos sem-vergonha adoram a flor do girassol que simboliza a lua...

---

[47]Casa (*ilê*) da força (*axé*), ou casa (*ilê*) das divindades (*orixá*); terreiro.
[48]No original está grafado cambinda.
[49]Os cabindas são originários de uma província do reino do Congo, cuja elite foi convertida ao catolicismo ainda no século XVI. Como a maioria dos outros povos bantos que vieram para o Brasil, suas crenças já estavam em processo de sincretização ainda na África, o que pode explicar os cânticos em português.

Eu estava atônito. Positivamente Antônio achava muito inferiores os cabindas.

— As iaôs?

— As filhas de santo macumbas ou cabindas chegam a ter uma porção de santos de cada vez. Sabe V. Sª. o que cantam eles quando a iaô está com a crise?

> *Maria Mucangué*
> *Lava roupa de sinhá,*
> *Lava camisa de chita,*
> *Não é dela, é de iaiá.*

Quer ouvir outra?

> *Bumba, bumba, ó calunga*
> *Tanto quebra cadeira como quebra sofá*
> *Bumba, bumba, ó calunga*

Houve uma pausa e Antônio concluiu:

— Por um negro cabinda é que se compreende que africano foi escravo de branco. Cabinda é burro e sem-vergonha! — disse, e voltou à narrativa da iniciação das iaôs.

Antes de entrar para a camarinha, a mulher, predisposta pela fixidez da atenção a todas as sugestões, presta juramento de guardar o segredo do que viu, toma um banho purificador e à meia-noite começa a cerimônia. A iaô senta-se numa cadeira vestida de branco com o ojá[50]

---

[50]Faixa de tecido que ornamenta as árvores sagradas, e também a cabeça, o busto ou a cintura dos iniciados no candomblé.

apertando a cintura. Todos em derredor entoam a primeira cantiga a Exu.

*Exu tiriri, lô-nam bara ô bebê
Tiriri lô-nam Exu tiriri*[51]

O babaloxá pergunta ao santo para onde deve ir o cabelo que vai cortar à futura filha e, depois de ardente meditação, indica com aparato a ordem divina. Essas descobertas são fatalmente as mesmas no centro de uma cidade populosa como a nossa. Se o santo é a mãe-d'água doce, Oxum, o cabelo vai para a Tijuca, a fábrica das Chitas; se é Iemanjá, fica na praia do Russell, em Santa Luzia; se é outro santo qualquer, basta um trecho de praça em que as ruas se cruzem.

As rezas começam então; o pai de santo molha a cabeça da iaô com uma composição de ervas e com afiadíssima navalha faz-lhe uma coroa, enquanto a roda canta triste.

Orixalá otô ô iaô!

Essa parte do cabelo é guardada eternamente e a iaô não deve saber nunca onde a guardam, porque lhe acontece desgraça. Em seguida, o lúgubre barbeiro raspa-lhe circularmente o crânio, e quando a carapinha cai no alguidar, a operada já perdeu a razão.

---

[51]Essa louvação é ainda hoje cantada nos principais candomblés brasileiros.

Babaloxá lava-lhe ainda a cabeça com o sangue dos animais esfaqueados pelos ogãs, e as iaôs antigas levam-na a mudar a roupa, enquanto se preparam com ervas os cabelos do alguidar.

Daí a momentos a iniciada aparece com outros fatos, pega no alguidar e sai acompanhada das outras, que a amparam e cantam baixo o ofertório ao santo. Em chegando ao lugar indicado, a hipnotizada deixa o vaso, volta e é recebida pelo pai, que entorna em frente à porta um copo d'água.

A nova iaô então vai descansar, enquanto os outros rezam na camarinha em frente ao estado-maior.

— O estado-maior? — indago eu, assustado com o exército misterioso.

O estado-maior é a coleção de terrinas e sopeiras colocadas numa espécie de prateleiras de bazar. Nas sopeiras estão todos os santos pequenos e grandes. Há desde as terrinas de granito às de porcelanas com os frisos de ouro, rodeando armações de ferro, onde se guarda o Ogum, o São Jorge da África.[52]

No dia seguinte à cerimônia, a iaô lava-se e vai à presença do pai para ver se tem espíritos contrários.

Se os espíritos existem, o pai poderoso afasta a influência nefasta por meio de ebós e egunguns.[53] A iaô é

---

[52]Trata-se, pela descrição, do peji, o altar das divindades.
[53]No texto original está escrito ogunguns; trata-se certamente da cerimônia egungum, quando são evocados os eguns, espíritos ancestrais masculinos.

obrigada a não falar a ninguém: quando deseja alguma coisa, bate palmas e só a ajuda nesses dias a mãe-pequena ou *iyá kekerê*. As danças para preparo do santo realizam-se nos 1º, 3º, 7º, 12º, e no 16º dia o santo revela-se.

— Mas que adianta isso às iaôs?

— Nada. O pai de santo domina-as. O erô, ou segredo que lhes dá, pode retirá-lo quando lhe apraz; o poder de as transformar e fazer-lhes mal está em virar o santo sempre que tem vontade.

— E quando essas criaturas morrem?

— Faz-se a obrigação raspando um pouco de cabelo para saber se o santo também vai, e o babaloxá procura um colega para lhe tirar a mão do finado.

As cerimônias das iaôs se renovam de resto de seis em seis meses, de ano em ano, até a morte. São elas que em grande parte sustentam o culto.

Quando a iaô não tem dinheiro, ou o pai vende-a em leilão ou guarda-a como serva. Desta convivência é que algumas chegam a ser mães de santo, para o que basta dar-lhes o babaloxá uma navalha.

— E há muitas mães de santo?

— Umas 50, contando com as falsas. Só agora lembro-me de várias: a Josefa, a Calu Boneca, a Henriqueta da Praia, a Maria Marota, que vende à porta do Glacier, a Maria do Bonfim, a Martinha da rua do Regente, a Zebinda, a Xica de Vavá, a Aminam Pé-de-boi, a Maria Luísa, que é também sedutora de senhoras honestas, a Flora Coco Podre, a Dudu do Sacramento, a Bitaiô, que está agora guiando seis ou oito filhas, a Assiata.

Esta é de força. Não tem navalha, finge de mãe de santo e trabalha com três ogãs falsos — João Ratão, um moleque chamado Macário e certo cabra pernóstico, o Germano. A Assiata mora na rua da Alfândega, 304. Ainda outro dia houve lá um escândalo dos diabos, porque a Assiata meteu na festa de Iemanjá algumas iaôs feitas por ela. Os pais de santo protestaram, a negra danou, e teve de pagar a multa marcada pelo santo. Essa é uma das feiticeiras de embromação.

Neste mesmo dia Antônio veio buscar-me à tarde.

— A casa a que vai V. Sª. é de um grande feiticeiro; verá se não há fatos verdadeiros.

Quando chegamos, a sala estava enfeitada. Em derredor sentavam-se muitos negros e negras mastigando olobó, ou cola amargosa, com as roupas lavadas e as faces reluzentes. A um canto, os músicos, fisionomias estranhas, faziam soar, com sacolejos compassados, o xequerê,[54] os atabaques e ubatás,[55] com movimentos de braços desvairadamente regulares. Não se respirava bem.

A cachaça, circulando sem cessar, ensanguentava os olhos amarelos dos assistentes.

— Às vezes tudo é mentira, à custa de cachaça e fingimento — diz Antônio. — Quando o santo não vem, o pai fica desmoralizado. Mas aqui é de verdade.

---

[54] Instrumento musical feito de sementes do cabaceiro envoltas numa rede de fios de algodão entremeada de búzios, e que, tocado por atrito mútuo, emite um som chiado.

[55] Palavra não encontrada. O termo ubatã, de origem tupi, significa no entanto tronco de madeira, material com que eram confeccionados alguns tambores africanos.

Olhei o célebre pai de santo, cujas filhas são sem conta. Estava sentado à porta da camarinha, mas levantou-se logo, e a negra iniciada entrou, de camisola branca, com um leque de metal chocalhante. Fula,[56] com uma extraordinária fadiga nos membros lassos, os seus olhos brilhavam satânicos sob o capacete de pinturas bizarras com que lhe tinham brochado o crânio. Diante do pai estirou-se a fio comprido, bateu com as faces no assoalho, ajoelhou e beijou-lhe a mão. Babaloxá fez um gesto de bênção, e ela foi, rojou-se de novo diante de outras pessoas. O som do agogô arrastou no ar os primeiros batuques e os arranhados do xequerê. A negra ergueu-se e, estendendo as mãos para um e para outro lado, começou a traçar passos, sorrindo idiotamente. Só então notei que tinha na cabeça uma esquisita espécie de cone.

— É o adóxu,[57] que faz vir o santo — explica Antônio.
— É feito com sangue e ervas. Se o adóxu cai, santo não vem.

A negra parecia aos poucos animar-se, sacudindo o leque de metal chocalhante.

Em derredor, a música acompanhava as cantigas, que repetiam indefinidamente a mesma frase.

A dança dessas cerimônias é mais ou menos precipitada, mas sem os pulos satânicos dos cafres[58] e a vertigem

---

[56]Chama-se assim no Brasil o negro da etnia fulani, de tez marrom-amarelada ou cor de formiga.
[57]No texto está grafado ado-chu.
[58]Denominação geral dos negros da África do Sul, originado do árabe *kaffir* (pagãos).

diabólica dos negros da Lousiana.[59] É simples, contínua e insistente, horrendamente insistente. Os passos constantes são a alujá, em roda da casa, dando com as mãos para a direita e para a esquerda; e o jeguedê, em que ao compasso dos atabaques, com os pés juntos, os corpos se quebram aos poucos em remexidos sinistros. Não sei se o enervante som da música enervando, destilando aos poucos desespero, se a cachaça, se o exercício, o fato é que, em pouco, a iaô parecia reanimar-se, perder a fadiga numa raiva de louca. De cada xequexé-xequexé[60] que a mão de um negro sacudia no ar, vinha um espicaçamento de urtiga, das bocas cusparinhentas dos assistentes escorria a alucinação. Aos poucos, outros negros, não podendo mais, saltaram também na dança, e foi então entre as vozes, as palmas e os instrumentos que repetiam no mesmo compasso o mesmo som, uma teopsia[61] de caras bêbedas cabriolando precedidas de uma cabeça colorida que esgareiava[62] lugubremente. A loucura propagou-se. No meio do pandemônio vejo surgir o babaloxá com um desses vasos furados em que se assam castanhas, cheio de brasas.

— Que vai ele fazer?

— Cala, cala... é o pai, é o pai grande — balbucia Antônio.

---

[59] No original está grafado Luiziânia.
[60] O mesmo que xeque-xeque ou ganzá (chocalho contendo sementes ou pequenas pedras).
[61] Suposta aparição de uma divindade.
[62] Fazendo esgares.

As cantigas redobram com um furor que não se apressa. São como uma ânsia de desesperado essas cantigas, com a agonia de um mesmo gesto arrancando dos olhos a mesma lâmina de faca, são atrozes! O babaloxá coloca o canjirão ardente na cabeça da iaô, que não cessa de dançar delirante, insensível, e, alteando o braço com um gesto dominador e um sorriso que lhe prende o beiço aos ouvidos, entorna nas brasas fumegantes um alguidar cheio de azeite de dendê.

Ouve-se o chiar do azeite nas chamas, a negra, bem no meio da sala, sacoleja-se num jeguedê lancinante, e pela sua cara suada, do canjirão ardente, e que não lhe queima a pele, escorrem fios amarelos de azeite...

Ye-man-já atô cuauô,

Continuava a turba.

— Não queimou, não queimou, ele é grande — fez Antônio.

Eu abrira os olhos para ver, para sentir bem o mistério da inaudita selvageria. Havia uma hora, a negra dançava sem parar; pela sua face o dendê quente escorria benéfico aos santos. De repente, porém, ela estacou, caiu de joelhos, deu um grande grito.

— *Emin oiá bonmin!* — bradou.

— É o nome dela, o santo disse pela sua boca o nome que vai ter.

A sala rebentou num delírio infernal. O babaloxá gritava, com os olhos arregalados, palavras guturais.

— Que diz ele?

— Que é grande, que vejam como é grande!

Criaturas rojavam-se aos pés do pai, beijando-lhes os dedos; negras uivavam, com as mãos empoladas de bater palmas; dois ou três pretos aos sons dos xequerês sacudiam-se em danças com o santo, e a iaô revirava os olhos, idiota, como se acordasse de uma grande e estranha moléstia.

— Que vai ela fazer agora, Deus de misericórdia! — murmurei saindo.

— Vai trabalhar, pagar no fim de três meses a sua obrigação, ochú metá, dar dinheiro a pai de santo, ganhar dinheiro...

— Sempre o dinheiro! — fiz eu olhando a velha casaria.

Antônio parou e disse:

— Não se engana V. Sª.

E, limpando o suor do rosto, o negro concluiu com esta reflexão profunda:

— Neste mundo, nem os espíritos fazem qualquer coisa sem dinheiro e sem sacrifício!

Fomos pela rua estreita com a visão sinistra da pobre mártir aos pulos, dessa cabeça pintada, entre os chocalhos e os atabaques, que dançava e gritava horrendamente...

O feitiço

Nós dependemos do feitiço.

Não é um paradoxo, é a verdade de uma observação longa e dolorosa. Há no Rio magos estranhos que conhecem a alquimia e os filtros encantados, como nas mágicas de teatro, há espíritos que incomodam as almas para fazer os maridos incorrigíveis voltarem ao tálamo conjugal, há bruxas que abalam o invisível só pelo prazer de ligar dois corpos apaixonados, mas nenhum desses homens, nenhuma dessas horrendas mulheres tem para este povo o indiscutível valor do feitiço, do misterioso preparado dos negros.

É provável que muita gente não acredite nem nas bruxas nem nos magos, mas não há ninguém cuja vida tivesse decorrido no Rio sem uma entrada nas casas sujas onde se enrosca a indolência malandra dos negros e das negras. É todo um problema de hereditariedade e psicologia essa atração mórbida. Os nossos ascendentes acreditaram no arsenal complicado da magia da Idade Média, na pompa de uma ciência que levava à forca e às fogueiras sábios estranhos, derramando a loucura pelos campos; os nossos avós, portugueses de boa fibra, tremeram diante dos encantamentos e amuletos com que se presenteavam os reis entre diamantes e esmeraldas. Nós continuamos fetiches no fundo, como dizia o filósofo, mas rojando de medo diante do Feitiço africano, do Feitiço importado com os escravos, e indo buscar trêmulos a sorte nos antros, onde gorilas manhosos e uma súcia de pretas cínicas ou histéricas desencavam o futuro entre cágados estrangulados e penas de papagaio!

Vivi três meses no meio dos feiticeiros, cuja vida se finge desconhecer, mas que se conhece na alucinação de uma dor ou da ambição, e julgo que seria mais interessante como patologia social estudar, de preferência aos mercadores da paspalhice, os que lá vão em busca do consolo.

Vivemos na dependência do feitiço, dessa caterva de negros e negras, de babaloxás e iaôs, somos nós que lhe asseguramos a existência, com o carinho de um negociante por uma amante atriz. O feitiço é o nosso vício, o nosso gozo, a degeneração. Exige, damos-lhes; explora, deixamo-nos explorar, e, seja ele *maître-chanteur*, assassino, larápio, fica sempre impune e forte pela vida que lhe empresta o nosso dinheiro.

Os feiticeiros formigam no Rio, espalhados por toda a cidade, do cais à estrada de Santa Cruz.

Os pretos, alufás ou orixás, degeneram o maometismo e o catolicismo no pavor dos *aligenum*, espíritos maus, e do Exu, o Diabo, e a lista dos que praticam para o público não acaba mais. Conheci só num dia a Isabel, a Leonor, a Maria do Castro, o Tintino, da rua Frei Caneca; o Miguel Pequeno, um negro que parece os anões de *D. Juan*, de Byron; o Antônio, mulato conhecedor do idioma africano; Obitaiô, da rua Bom Jardim; o Juca Aboré, o Alamijo, o Abedé, um certo Maurício, ogã de outro feiticeiro — o Brilhante, pai macumba dos santos cabindas; o Rodolfo, o Virgílio, a Dudu do Sacramento, que mora também na rua Bom Jardim;

o Higino e o Breves, dois famosos tipos de Niterói, cuja crônica é sinistra; o Otô Ali, Ogã-didi, jogador da rua da Conceição; Armando Ginja, Abubaca Caolho, Egídio Aboré, Horácio, Oiabumin, filha e atual mãe de santo da casa de Abedé; Ieusimin, Torquato Arequipá, Cipriano, Rosendo, a Justa de Obaluaiê, Apotijá, mina famoso pelas suas malandragens, que mora na rua do Hospício, 322 e finge de feiticeiro falando mal do Brasil; a Assiata, outra exploradora, a Maria Luísa, sedutora reconhecida, e até um empregado dos Telégrafos, o famoso Pai Deolindo...

Toda essa gente vive bem, à farta, joga no bicho como Oloô-teté, deixa dinheiro quando morre, às vezes fortunas superiores a cem contos de réis, e achincalha o nome das pessoas eminentes da nossa sociedade, entre conselhos às meretrizes e goles de parati. As pessoas eminentes não deixam, entretanto, de ir ouvi-los às baiucas infectas, porque os feiticeiros que podem dar riqueza, palácios e eternidade, que mudam à distância, com uma simples mistura de sangue e de ervas, a existência humana, moram em casinholas sórdidas, de onde emana um nauseabundo cheiro.

Para obter o segredo do feitiço, fui a essas casas, estive nas salas sujas, vendo pelas paredes os elefantes, as flechas, os arcos pintados, tropeçando em montes de ervas e lagartos secos, pegando nas terrinas sagradas e os opelês[63] cheios de suor.

---

[63]No texto original está grafado obelê.

— V. Sª., se deseja saber quais são os principais feitiços, é preciso acostumar-se antes com os santos — dizia-me o africano.

Acostumei-me. São inumeráveis. As velhas que lhes discutem o preço em conversa, até confundem as histórias. Em pouco tempo estava relacionado com Exu, o diabo, a que se sacrifica no começo das funçanatas;[64] Obaluaiê, o santo da varíola; Ogum, o deus da guerra; Oxóssi,[65] Eyulé, Oloroquê, Oxalufã,[66] Orixá-agô, Oxumaré,[67] Orixá-ogrinha, Airá,[68] Orominha, Agodô,[69] Aganju,[70] Baru,[71] Orixalá, Bainha, Dadá,[72] Percuá, Coricotó, Doú,[73] Alabá,[74] Ary e as divindades beiçudas, esposas dos santos — Aquará; Oxum-jumun,[75] Aiacó, a mãe da noite; Iansã; Obiã, esposa de Orixaocô; Orainha; Ogango; Jená, mulher de Eloquê;

---

[64] Pândega; troça; farsa.
[65] No original: Oxó-ocy.
[66] Forma do orixá Oxalá; no original está grafado Obalufã.
[67] No original: Exu-maré.
[68] Uma das manifestações do orixá Xangô; no original está grafado Ayra.
[69] Uma das manifestações do orixá Xangô; no original está grafado Ogodô.
[70] Uma das manifestações do orixá Xangô; no original está grafado Oganjú.
[71] Uma das manifestações do orixá Xangô.
[72] Uma das manifestações do orixá Xangô.
[73] DoUm, entidade associada aos gêmeos Ibeji, sincretizados com São Cosme e Damião.
[74] Espírito infantil protetor, ligado ao culto de Ibeji.
[75] Uma das manifestações do orixá Oxum; no original está grafado Oxum-gimun.

Iemanjá,[76] a dona de Orixaocô; Oxum de Xangô e até Obá,[77] que, príncipe neste mundo, é no éter hetaira[78] do formidável santo Agodô.

Os fetiches contaram-me a história de Orixá-alum, o maior de todos os santos que aparece raras vezes só para mostrar que não é de brincadeiras, e eu assisti às cerimônias do culto, em que quase sempre predomina a farsa pueril e sinistra. Diante dos meus olhos de civilizado, passaram negros vestidos de Xangô, com calça de cor, saiote encarnado enfeitado de búzios e lantejoulas, avental, babador e gorro; e esses negros dançavam com Oxum, várias negras fantasiadas, de ventarolas de metal na mão esquerda e espadinha de pau à direita. Concorri para o sacrifício de Obaluaiê, o santo da varíola, um negro de bigode preto com a roupa de Polichinelo e uma touca branca orlada de urtigas. O santo agitava uma vassourinha, o seu xaxará,[79] e nós todos em derredor do babaloxá víamos morrer sem auxílio de faca, apenas por estrangulamento, uma bicharada que faria inveja ao Jardim Zoológico.

---

[76]No original: Io-máo-já, do iorubá *Yemojá*; orixá feminino da água salgada.
[77]Terceira mulher do orixá Xangô. João do Rio faz aqui um trocadilho com o fato de obá na língua iorubá significar também rei e príncipe, lembrando o célebre príncipe Obá, figura folclórica das ruas cariocas durante o Segundo Reinado e os primeiros anos da República.
[78]Assim denominavam-se as cortesãs na Grécia antiga.
[79]Objeto do culto de Obaluaiê, um feixe de palha ornado de miçangas e búzios.

Os africanos, porém, continuavam a guardar o mistério da preparação.

— Vamos lá — dizia eu — camarário,[80] como é que faz para matar um cidadão qualquer?

Eles riam, voltavam o rosto com uns gestos quase femininos.

— Sei lá!

Outros porém tagarelavam:

— V. Sª. não acredita? É que ainda não viu nada. Aqui está quem fez um deputado! O...

Os nomes conhecidos surgiam, tumultuavam empregos na polícia, na Câmara, relações no Senado, interferências em desaguisados[81] de famílias notáveis.

— Mas como se faz isso?

— Então o senhor pensa que a gente diz assim o seu meio de vida?

E imediatamente aquele com quem eu falava, descompunha o vizinho mais próximo — porque, membros de uma maçonaria de defesa geral, de que é chefe o Ojó da rua dos Andradas, os pretos odeiam-se intimamente, formam partidos de feiticeiros africanos contra feiticeiros brasileiros, e empregam todos os meios imagináveis para afundar os mais conhecidos.

Acabei julgando os babaloxás sábios na ciência da feitiçaria como o papa João XXII e não via negra-mina

---

[80]Cargo religioso honorífico de certas igrejas católicas europeias; no texto, com sentido irônico.
[81]Desavença; rixa; briga.

na rua sem recordar logo o bizarro saber das feiticeiras de d'Annunzio[82] e do sr. Sardou.[83] A lisonja, porém, e o dinheiro, a moeda real de todas as maquinações desta ópera pregada aos incautos, fizeram-me sabedor dos mais complicados feitiços.

Há feitiços de todos os matizes, feitiços lúgubres, poéticos, risonhos, sinistros. O feiticeiro joga com o amor, a vida, o dinheiro e a morte, como os malabaristas dos circos com objetos de pesos diversos. Todos, entretanto, são de uma ignorância absoluta e afetam intimidades superiores, colocando-se logo na alta política, no clero e na magistratura. Eu fui saber, aterrado, de uma conspiração política com os feiticeiros, nada mais nada menos que a morte de um passado presidente da República. A princípio achei impossível, mas os meus informantes citavam com simplicidade nomes que estiveram publicamente implicados em conspirações, homens a quem tiro o meu chapéu e aperto a mão. Era impossível a dúvida.

— O presidente está bem com os santos — disse-me o feiticeiro, — mas bastava vê-lo à janela do palácio para que dois meses depois ele morresse.

— Como?!

— É difícil dizer. Os trabalhos dessa espécie fazem-se na roça, com orações e grandes matanças. Precisa a gente passar noites e noites a fio diante do fogareiro, com o

---

[82]Gabriele d'Annunzio (1863-1938), poeta, romancista e autor teatral italiano.
[83]Victorien Sardou (1831-1908), autor teatral francês.

teçubá na mão, a rezar. Depois matam-se os animais, às vezes um boi que representa a pessoa e é logo enterrado. Garanto-lhe que dias depois o espírito vem dizer ao feiticeiro a doença da pessoa.

— Mas porque não matou?

— Porque os caiporas[84] não me quiseram dar 60 contos.

— Mas se você tivesse recebido esse dinheiro e um amigo do governo desse mais?

— O feitiço virava. A balança pesa tudo e pesa também dinheiro. Se Deus tivesse permitido essa hora, os somíticos[85] estariam mortos.

Este é o feitiço maior, o *envoûtement* solene e caro. Há outros, porém, mais em conta.

Para matar um cavalheiro qualquer, basta torrar-lhe o nome, dá-lo com algum milho aos pombos e soltá-los numa encruzilhada. Os pombos levam à morte... É poético. Para ulcerar as pernas de um inimigo, um punhado de terra é suficiente. Esse misterioso serviço chama-se *etu*, e os babaloxás resolvem todo o seu método depois de conversar com os ifás, uma coleção de 12 pedras; quando os ifás estão teimosos, sacrifica-se um cabrito metendo as pedras na boca do bicho com alfavaca de cobra.[86]

Os homens são em geral volúveis. Há o meio de os reter *ad aeternum* sujeitos à mesma paixão, o *efifá*, uma

---

[84]Pessoa azarada.
[85]Avarento.
[86]Trata-se do arbusto jaborandi.

forquilha de pau preparada com besouros, algodão, linhas e ervas, sendo que durante a operação não se deve deixar de dizer o ojó, oração. Se eu amanhã desejar a desunião de um casal, enrolo o nome da pessoa com pimenta-da-costa, malagueta e linha preta, deito isso ao fogo com sangue, e o casal dissolve-se; se resolver transformar Catão, o honesto, no mais desbriado gatuno, arranjo todo esse negócio apenas com uma boa tira,[87] um rato e algumas ervas. É maravilhoso.

Há também feitiços porcos, o mantuca,[88] por exemplo, preparado com excrementos de vários animais e coisas que a decência nos salva de dizer; e feitiços cômicos como o terrível *xuxuguruxu*... Esse faz-se com um espinho-de-santo-antônio[89] besuntado de ovo e enterra-se à porta do inimigo, batendo três vezes e dizendo:

— *Xuxuguruxu io le bará...*

Para o homem ser absolutamente fatal, D. Juan, Rothschild, Nicolau II e Morny,[90] recolhi com carinho uma receita infalível. É mastigar orobó quando prageja, trazer umas tiras ou breves escritos em árabe na cinta, usar do *ori* para o feitiço não pegar, ter além do *xorá*, defesa própria, o *essiqui*, cobertura e o *irocô*, defumação das roupas,

---

[87]Tira de papel ou tecido com inscrições do Alcorão, usada como amuleto pelos negros islamitas do Rio.
[88]No original está grafado mantucá.
[89]Arbusto também conhecido por não-me-toques.
[90]D. Juan encarna o grande sedutor; Rothschild, o grande milionário; o tzar Nicolau, o poder político, e o duque de Morny, a beleza física; esta é a receita de João do Rio para o homem irresistível.

num fogareiro onde se queima azeite de dendê, cabeças de bichos e ervas, visitar os babaloxás e jogar de vez em quando o *eté* ou a praga. Se apesar de tudo isso a amante desse homem fugir, há um supremo recurso: espera-se a hora do meio-dia e crava-se um punhal detrás da porta.

Mas o que não sabem os que sustentam os feiticeiros, é que a base, o fundo de toda a sua ciência é o *Livro de São Cipriano*. Os maiores alufás, os mais complicados pais de santo, têm escondida entre as tiras e a bicharada uma edição nada fantástica do *São Cipriano*. Enquanto criaturas chorosas esperam os quebrantos e as misturadas fatais, os negros soletram o *São Cipriano*, à luz dos candeeiros...

O feitiço compõe-se apenas de ervas arrancadas ao campo depois de lá deixar dinheiro para o saci, de sangue, corações, de galos, cabritos, cágados, azeite de dendê e do livro idiota. É o desmoronamento de um sonho.

Os feiticeiros, porém, pedem retratos, exigem dos clientes coisas de uma depravação sem nome, para agir depois fazendo o egum,[91] ou evocação dos espíritos, o maior mistério e a maior pândega dos pretos; e quase todos roubam com descaro, dando em troco de dinheiro sardinhas com pó-de-mico, cebolas com quatro pregos espetados, cabeças de pombo com salmoura para fortalecer o amor, uma infinita série de extravagâncias. Os trabalhos são tratados como nos consultórios médicos: a simples con-

---

[91] Alma dos antepassados; o nome correto da cerimônia de invocação é Egungum.

sulta de seis a dez mil-réis, a morte de homem segundo a sua importância social e o recebimento da importância por partes. Quando é doença, paga-se no ato — porque os babaloxás são médicos, e curam com cachaça, urubus, penas de papagaio, sangue e ervas.

A polícia visita essas casas como consultante. Soube nesses antros que um antigo delegado estava amarrado a uma paixão, graças aos prodígios de um galo preto. A polícia não sabe, pois, que alguns desses civis ficam defronte de casas suspeitas, que há um tecido de patifarias inconscientes ligando-as. Mas não é possível a uma segurança transitória acabar com um grande vício como o feitiço. Se um inspetor vasculhar amanhã os jabutis e as figas de umas das baiucas, à tarde, na delegacia os pedidos choverão.

Eu vi senhoras de alta posição saltando, às escondidas, de carros de praça, como nos folhetins de romances, para correr, tapando a cara com véus espessos, a essas casas; eu vi sessões em que mãos enluvadas tiravam das carteiras ricas notas e notas, aos gritos dos negros malcriados que bradavam.

— Bota dinheiro aqui!

Tive nas mãos, com susto e prazer, fios longos de cabelos de senhoras que eu respeitava e continuarei a respeitar nas festas e nos bailes, como as deusas do conforto e da honestidade. Um babaloxá da Costa da Guiné guardou-me dois dias às suas ordens para acompanhá-lo a lugares onde havia serviço, e eu o vi entrar misteriosamente, entrar em casas de Botafogo e da Tijuca, onde, durante o inverno há recepções e *conversationes* às cinco da tarde como em Paris e nos palácios da Itália. Alguns pretos, bebendo comigo, informavam-me que tudo era embromação para viver, e, noutro dia, tílburis paravam à porta, cavalheiros saltavam, pelo corredor estreito desfilava um resumo da nossa sociedade, desde os homens de posição às prostitutas derrancadas, com escala pelas criadas particulares. De uma vez mostraram-me o retrato de uma menina que eu julgo honesta.

— Mas para que isso?

— Ela quer casar com este.

Era a fotografia de um advogado.

— E vocês?

— Como não quer dar mais dinheiro, o servicinho está parado. A pequena já deu 350.

Tremi romanticamente por aquela ingenuidade que se perdia nos poços do crime à procura do amor...

Mas esse caso é comum. Encontrei papelinhos escritos em cursivo inglês, puro Coração de Jesus, cartões, bilhetes, pedaços de seda para misteres que a moralidade não pode desvendar. Eles diziam os nomes com reticências, e eu acabei humilhado, envergonhado, como se me tivessem insultado.

— A curiosidade tem limites — disse a Antônio que desaparecera havia dias para levar aos subúrbios umas negras. — Se eu dissesse metade do que vi, com as provas que tenho!... Continuar é descer o mesmo abismo vendo a mesma cidade misteriosamente rojar-se diante do Feitiço... Basta!

— V. Sª. não passou dos primeiros quadros da revista. É preciso ver as loucuras que o Feitiço faz, as beberragens que matam, os homicídios nas camarinhas que nunca a polícia soube; é preciso chegar à apoteose. Venha...

E Antônio arrastou-me pela rua, do General Gomes Carneiro.

A casa das almas

Os negros cabindas do Rio guardam com terror a história de um branco que lhes apareceu certa vez em pleno sertão africano. Quando o rei deu por ele, que por ali vinha calmo, com as suas barbas de sol, precipitou-se mais a tribo em atitude feroz. O branco tirou da cinta um pequeno feitiço de metal e prostrou morto, golfando sangue, o babalaô.

— Exu! Exu! — ganiu a tribo, recuando de chofre.

— Quem és tu, santo que eu não conheço? — perguntou trêmulo o poderoso rei.

— Sou o que tudo pode. Vê.

Estendeu a mão de novo e matou outros negros.

— Só te deixarei em paz se me mostrares todos os teus feitiços.

Sua majestade, apavorada, levou-o à tenda real e durante o dia e durante a noite, sem parar, lhe deu tudo quanto sabia.

— Perdoo-te — disse o branco. — Adeus! Levo para o mistério a rainha.

Aconchegou o feitiço, que parecia Ogum,[92] o deus da guerra, no seio da preferida, deixou-a cair, e partiu devagar pela estrada afora...

Não precisei dos meios violentos do Caramuru[93] da África, para saber do mais terrível mistério da religião dos minas: o egum ou evocação das almas. Naquela mesma noite em que encontrara Antônio, o negro serviçal levou-me a uma casa nas imediações da praia de Santa Luzia.

— Em tudo é preciso mistério — dizia ele. — V. Sª. vai à casa do babaloxá, finge acreditar e depois é convidado para uma cerimônia na casa das almas. Poderá ver então o segredo da pantomima. Quem descobre o segredo do egum, morre. Eu me arrisco a morrer.

A sua voz era trêmula.

— Tens medo?

— Não, mas se morrer amanhã, todos os feiticeiros dirão que foi o feitiço. Do egum depende toda a traficância. O negro parou. Não imagina. Abubaca[94] Caolho, que mora na rua do Resende, é um dos tais. Quando há uma morte, vai logo dizer que foi quem a fez. Se fôssemos acreditar nas suas mentiras, Abubaca tinha mais mortes no costado que cabelos na cabeça. V. Sª. já o viu. É um negro que usa gravata do lado e pontas, as roupas velhas dos outros... Apotijá é outro.

---

[92] No original está grafado egum.
[93] Diogo Álvares Correia, náufrago português que radicou-se entre os índios tupis no século XVI e foi um dos primeiros habitantes do Brasil; usou da pólvora para assustá-los.
[94] Trata-se de uma evidente corruptela do árabe Abu Bakr.

— Mas há desse gênero de morte, Antônio? — indaguei eu acendendo o cigarro com um gesto shakespeariano.

— Ora se há! Vou provar quando quiser. De morte misteriosa lembro a Maria Rosa Duarte, sogra do lemane Pão Baltazar, alufá muito amigo de um político conhecido; Salvador Tapa, a Esperança Laninia, Larê-quê, Fatunchê, o Jorge da rua do Estácio, Ougu-olusaim... Todos morreram por ter descoberto o egum. Na Bahia, então, esses assassinatos são comuns. Hei de lembrar sempre o velho feiticeiro Aguidi, coitado! Era dos que sabem. Um dia, farto de viver, descobriu a traficância e logo depois morria no incêndio do Taboão,[95] com os braços cruzados, impassível e a sorrir. Aguidi na minha língua significa: o que quer morrer... Ele quis.

Pela praia de Santa Luzia o luar escorria silenciosamente, e de leve o vento, sacudindo as folhas das árvores em melancólico sussurro, entristecia Antônio.

— Ah, meu senhor! Não é só por causa do egum que negro mata. Quando as iaôs não andam direito, quando não fingem bem, quase nunca escapam de morrer. Há vários processos de morte, a morte lenta, com beberragens e feitiços diretos, a morte na camarinha por sufocação... Muitos negros apertam uma veia que a gente tem no pescoço e dentro de um minuto qualquer pessoa está morta. Outros dependuram as criaturas e elas ficam bracejando no ar com os olhos arregalados.

---

[95]Famosa ladeira da cidade velha de Salvador; no original está grafado Tabão.

A morte e a loucura nem sempre se limitam ao estreito meio dos negros. As beberragens e o pavor atuam suficientemente nas pessoas que os frequentam. A Assiata, uma negra baixa, fula e presunçosa, moradora à rua da Alfândega, dizem os da sua roda que pôs doida uma senhora distinta, dando-lhe misturadas para certas moléstias do útero. Apotijá, o malandro da rua do Hospício, que aproveita os momentos de ócio para descompor o Brasil, tem também uma vastíssima coleção de casos sinistros.

A morte e todas as vesânias não são apenas os sustentáculos dos seus ritos e das suas transações religiosas, são também o meio de vida extracultual, o processo de apanhar heranças. Alicali, lemane atual dos alufás, e Amando Ginja, cujo nome real é Fortunato Machado, quando morre negro rico vão logo à polícia participar que não deixou herdeiros. Alicali é testamenteiro de quase todos e bicho capaz de fazer amurê[96] com as negras velhas, só para lhes ficar com as casas. A certidão de óbito é dada sem muitas observações.

— Mas você conhece mais feiticeiros, Antônio?

— Pois não! O João Mussê, alufá feiticeiro tremendo, que mora na rua Senhor dos Passos, 222 e é respeitado por todos; Obalei-yé, Obio Jamim, Ochu Toqui, Ochu Bumim, Emin Ochum, Oumigy, Obitaiô-homem, Obitaiô-mulher, Ochu Tayodé, a Ochu Boheió, da rua do Catete,

---

[96]Casamento entre os negros maometanos do Brasil; no original está grafado amuré.

Syê, Xangô-logreti, Ajagum-baru, Ecu-hemim, Angelina, o ogã Conrado... Mais de cem feiticeiros, mais de cem...

— Quase todos com os nomes dos santos...

— Os negros usam sempre o nome do santo que têm no corpo...

Mas de repente Antônio parou entre as árvores.

— Temos ebó de Iemanjá. A negralhada vem aí... Se quer ver, esconda-se detrás de algum tronco.

Com efeito, sentiam-se vozes surdas ao longe, cantando.

O despacho, ou ebó, da mãe-d'água salgada, é um alguidar com pentes, alfinetes, agulhas, pedaços de seda, dedais, perfumes, linhas, tudo o que é feminino.

Detrás da árvore, pouco depois eu vi aparecer no plenilúnio a teoria[97] dos pretos. À frente vinha uma com o alguidar na cabeça, e cantavam baixo

Baô de ré se qui ye-man-já
Pelé bé Apotá auo yo tô toro fym lacho
Ere

Era o ofertório. Ao chegar à praia, na parte em que há uns rochedos, a negra desceu, depositou o alguidar. Uma onda mais forte veio, bateu, virou o vaso de barro, quebrou-o, levou as linhas, e todos balbuciaram, rojando:

— Iemanjá!

A santa aparecera na fosforescência lunar, agradecendo...

---

[97]No texto: embaixada sagrada que um estado grego enviava aos jogos olímpicos, ao oráculo etc.

Depois os sacerdotes ergueram-se, reuniram e nós ficamos de novo sós, enquanto o oceano rugia e, ao longe, tristemente a canzoada ladrava.

— Assim apanhamos o candomblé — disse Antônio.
— É preciso que o babaloxá convide V. Sª. para o egum...
Noutro dia, mais ou menos à meia-noite, estávamos no ilê-saim ou casa das almas.

O egungum[98] é uma cerimônia quase pública, a que os feiticeiros convidam certos brancos para presenciar a pantomima do seu extraordinário poder. Esses curiosos fetiches, que para fazer o guincho de santo Oçãnhim[99] amarram nas pernas bonecas de borracha, com assobio; cujos santos são um produto de bebedeira e de hipnose, têm na evocação dos espíritos a máxima encenação da sua força sobre o invisível. Quando morre alguém, quando todos estão diante do corpo, um dos pretos esconde-se e dá um grito. No meio da confusão geral, então, mudando a voz, esse negro grita:

— *Emin, tucoloni mopé, cá-um-pé, emin!* Eu que morri hoje, quero que chamem por mim.

Os donos do defunto arranjam o dinheiro para a evocação, pessoas estranhas ajudam também com a sua cota para aproveitar e saber do futuro. O babaloxá não faz o egum enquanto não tem pelo menos 300 mil-réis; arranjada a quantia, começa a cerimônia.

---

[98]No texto está erroneamente grafado egum, que é o nome da entidade; a cerimônia chama-se egungum.
[99]Orixá das folhas e ervas medicinais; o mesmo que Ossanha e Ossãe.

Quando entramos na sala das almas, à luz fumarenta dos candeeiros, a cena era estranha. Havia brancas, meretrizes de grandes rodelas de carmim nas faces, mulatas em camisa, mostrando os braços com desenhos e iniciais em azul dos proprietários do seu amor, e negros, muitos negros. Estes últimos, sentados em roda do assoalho, estavam quase nus, e algumas negras mesmo inteiramente nuas com os seios pendentes e a carapinha cheia de banha.

— Por que estão eles assim?
— Para mais facilmente receber o espírito.

Junto à porta do fundo, três negros de vara em punho quedavam-se extáticos. Eram os *anichãs*, que faziam guarda ao *saluim* ou quarto dos espíritos. Ouvi dentro do *saluim* um barulho de pratos, de copos tocados, de garrafas desarrolhadas; um momento pareceu-me ouvir até o estouro forte do champanhe barato.

— Há gente lá dentro?
— As almas. Estão se banqueteando. O banquete foi pago pelos presentes. Mas, psiu! Daqui a pouco começarão as cantigas, que ninguém compreende. Os africanos inventam nomes para a cena parecer mais fantástica.

Com efeito, minutos depois, aos primeiros sons dos atabaques, as negras bradaram:

Aluá! O espírito! e romperam uma cantiga assustada e trôpega.

Anu-há, a o ry au od á
San-ná elê-o ou baba
Locá-aló

A porta continuava fechada, mas eu vi surgir de repente um negro vestido de dominó com os pés amarrados em panos. Os três *anichãs* ergueram as varas, o dominó macabro começou a bater a sua no chão, os xequerês[100] sacudiram-se, e outra cantiga estalou medrosa:

> *Lou-á gége ou-rou ó uá*
> *Xó la-ry la-ry lary*
> *Que qué oura ô uchô*
> *La-ry la mamau rú nam baba*

Quando o santo aos pulos aproximava-se de alguma mulher, ela recuava, bradando com desespero:

— *Afapão!*

— Vão aparecer as almas — avisou Antônio — a cantiga diz: "Procuramos a alma de Fulano e de Cicrano e não a encontramos dormindo. Cansamos sem saber o mistério que a envolvia. A alma está aqui e entrou pela porta do quintal."

— Mas quem é este dominó?

— É Babá-egum.[101] As almas têm vários cargos. O que traz uma gamela chama-se Ala-té-orum, o segundo Opocó-echi, o terceiro Egun-iansã, e no meio de sete espíritos aparece o invocado.

Entretanto o dominó Babá-egum batia furiosamente no chão com a sua vara de marmelo, e no alarido aumen-

---

[100]No original está grafado xeguedês.
[101]Babá (pai) Egum (alma); pai das almas.

tado apareceu aos pulos outro dominó, o Alabá, que por sua vez também se pôs a bater. Era o ritual da entrega das almas. Por fim apareceu Oçãnhim, enfiado numa fantasia de bebê, de xadrez variado, com duas máscaras: uma nas costas, outra tapando o rosto.

— Quem é este?

— O Bonifácio da Piedade, um malandro de cavanhaque, que faz sempre de Eruosaim.

Eruosaim também dançava. Entre as cantigas, os *anichãs* ergueram de novo as varas, a porta abriu-se, dois negros ficaram um de cada lado, o *atafim*, ou confidente, e o *anuxã*, secreto. De dentro saíram mais três dominós cheios de figas e espelhinhos, com os pés embrulhados nos trapos. As negras aterrorizadas uivavam, com o amarelo dos olhos virados e os espíritos, naquela algazarra, pareciam cambalear. Havia gente, porém, que os reconhecia.

— Eles fingem os gestos dos mortos — segredou-me Antônio.

Palmas ressoavam estridentes saudando a chegada do invisível, as varas de marmelo lanhavam o ar e as almas, naquele círculo silvante, ao som dos xequerês[102] e dos atabaques, batiam surdamente no chão aos pulos da dança demoníaca.

Um dos espíritos, porém, sentou-se numa espécie de trono de mágica. Como por encanto a dança cessou e naquela pávida[103] atmosfera, em que o medo gemia, as

---

[102]No original está grafado xeguedês.
[103]Tomada de pavor.

mulheres de borco, os homens contorcionados, o negro fantasiado guinchou do alto.

— Guilhermina, ocê percisa gostá de Antonho... José tem que fazê ebó para espírito mau... Xica, um home há de vi aí, ocê vai com ele....

— Veja V. Sª. a chantagem — murmurou Antônio. — Os negros recebem dinheiro antes dos homens e obrigam as criaturas pelo terror a tudo quanto quiserem. Por isso quem descobre o egum, morre.

A Xica, uma mulatinha, coitada, tremia convulsivamente, mas já outras, nuas, em camisa, sacudindo os membros lassos, ganiam de longe, batendo as varas num terror exaustivo.

— E eu? E eu?

— Ocê tá dereita, sua vida vai pra frente.

— E eu? E eu? — gargolejaram outras bocas em estertores.

— Ocê está pra trás, percisa ebó.

Aproximei-me de um dos espíritos; cheirava a espírito de vinho; estava literalmente bêbado.

Quando a cerimônia atingia o desvario e já os espíritos tinham pastosidades na voz, caiu na sala, como um bendengó,[104] Iansã,[105] um negro fingindo de santo materializado, e em meio do pavor geral, ao som das cantigas,

---

[104]Nome de famoso meteoro, hoje pertencente ao acervo do Museu Nacional no Rio de Janeiro.
[105]Iansã, orixá dos raios e trovões, primeira esposa de Xangô, é ligada ao culto dos eguns.

esticou a mão sinistra, foi pedindo a cada criatura 16 obis, 16 orobós, 16 galos, 16 galinhas, 16 pimentas-da-costa, 16 mil-réis, um cabrito, um carneiro. Ao chegar às meretrizes brancas, Iansã ferozmente exigia peças de chita, fazendas e objetos caros. A turba gritava toda: Iansã! Iansã! Gente nova entrava na sala, e de repente, como todos se voltassem a um grito da porta, os espíritos desapareceram... Tinham fugido tranquilamente pelo corredor.

— Está acabado — fez Antônio. — Os espíritos vão se despir, e voltam daí a pouco para ver se o pessoal acreditou mesmo...

A cena mudara, entretanto. Dissipado o sudário apavorado, todas aquelas carnes hiperestesiadas erguiam-se ainda vibrantes para a bacanal.

O álcool e a queda na realidade estabeleciam o desejo. Negros arrastavam-se para o quintal, para os cantos, longos sorrisos lúbricos abriam em bocejos as bocas espumantes, risinhos rebentavam e negros fortes, estendidos no chão, rolavam as cabeças numa sede de gozo.

Há entre as negras uma propensão sinistra para o tribadismo.[106] Em pouco, naquela casinhola suja e malcheirosa, eu via como uma caricatura horrenda as cenas de deboche dos romances históricos em moda.

Mais dois negros entraram.

— Então egum esteve bom?

— E eu que não cheguei em tempo...

---

[106]Homossexualismo feminino; lesbianismo.

— Veja — mostrou Antônio — lá está o Bonifácio Eruosaim, vendo se causou efeito fantasiado de bebê. Venha até o quarto do banquete.

Fomos. Antônio empurrou uma porta e logo nos achamos numa sala com garrafas pelo chão, pratos servidos, copos entornados, rolhas, os destroços de uma fome voraz. Num canto a Xica dizia baixinho para um lindo rapaz de calças bombachas.

— É você que o espírito disse?

Quando reaparecemos, o babaloxá murmurava:

— A festa está acabada, companheiros... É não deixar de trazer o que Iansã pediu.

Saímos então. Vinha pelo céu raiando a manhã. Palidamente, na calota[107] cor de pérola, as estrelas tremiam e desmaiavam. Antônio cambaleava. Chamei um carro que passava, meti-o dentro. Em torno tudo dizia o mistério e a incompreensão humana, o éter puro, os vagalhões do mar, as árvores calmas. Tinha a cabeça oca, e, apesar dos assassinatos, dos roubos, da loucura, das evocações sinistras, vinha da casa das almas, julgando babalaôs, babaloxás, mães de santo e feiticeiros, os arquitetos de uma religião completa. Que fazem esses negros mais do que fizeram todas as religiões conhecidas?

O culto precisa de mentiras e de dinheiro. Todos os cultos mentem e absorvem dinheiro. Os que nos desvenda-

---

[107] Qualquer cobertura de forma esférica, côncavo-convexa; no texto, é o céu; no original está grafado erroneamente "no calote".

ram os segredos e a maquinação morreram. Os africanos também matam.

E eu, perdoando o crime desse sacerdócio-mina, que se impõe e vive regaladamente, tive vontade de ir entregar Antônio-negro e a dormir à casa de Ojô, para que nunca mais desvendasse a ninguém o sinistro segredo da casa das minas.

Os novos feitiços de Sanin

— Pois seja! — disse Antônio, tomando coragem. — V. Sª. pode ir, mas não cuspa, não fume e não coma nessa casa. Eu não vou.

— Acompanhas-me até a porta?

— Até a esquina. Ficarei de alcateia. Sanin e Ojô são capazes de me acabar com a vida.

A vida de Antônio é uma vida, sob todos os títulos, preciosa, e naquele momento ainda o era mais, porque a sustentava eu. Refleti e concordei.

— Está direito, ficas à esquina...

Chovia a cântaros. Antônio, sem guarda-chuva, metido num capote que lhe ia até os pés, acendia constantemente um charuto, que apagava.

— Mas quem é esse Sanin, afinal?

— Um feiticeiro danado!

— Mas babaloxá, babalaô, traficante?...

— Babalaô, não senhor. Para ser babalaô é preciso muita coisa. Só de noviciado, leva-se muito tempo, anos a fio, a cerimônia é dificílima. Quando um iniciado quer ser babalaô, tem que levar ao babalaô que o sagra dois cabritos pretos, duas galinhas-d'angola, duas galinhas da terra, dois patos, dois pombos, dois bagres, duas preás, um quilo de limo, um ori,[108] um pedaço de ossum, um pedaço de giz, dois gansos, dois galos, uma esteira, dois caramujos e uma porção de penas de papagaio encarnadas.

— É difícil.

— E não é tudo. Tem de levar também um quilo de sabão-da-costa, que se chama *oxé-i-luaiê*, e não entra para o *ibodô-ifá* ou quarto dos santos sem estar de roupa nova e levar na algibeira pelos menos 200 mil-réis. O futuro babalaô fica sete dias no *ibodô*, onde não entra ninguém para não ver o segredo.

— O segredo?

— O segredo é um ovo de papagaio. V. Sª. já viu um ovo de papagaio? Nunca! É difícil. E quem vê um ovo desses, arrisca-se a ficar cego. O ovo em africano chama-se *eiú*, o papagaio, *odidé*. É o ovo que guardam dentro de uma cuia ou *ibadu*. O iniciado fica inteiramente nu, senta-se na esteira, e o velho babalaô indaga se é do seu gosto fazer o ifá. Se a resposta for afirmativa, lavam-se 42 caroços de dendê com diversas ervas, e nessa água o babalaô novo toma banho.

Depois, raspa-se-lhe a carapinha, guardando-a para o grande despacho, pinta-se-lhe o crânio com giz e faz-se a matança.

---

[108] Pasta branca usada nas oferendas a Oxalá; o mesmo que manteiga de Oxalá ou limo da Costa.

— Todos os animais?

— Todos caem ao golpe de navalhas afiadas, o sangue enche os alguidares, escorre pela casa, mas ninguém sabe, porque lá dentro, de vivos, só há os dois babalaôs e o acólito. O primeiro sacrifício é para Exu. Mistura-se o sangue do galo com tabatinga,[109] forma-se um boneco recheado com os pés, o fígado, o coração e a cabeça dos bichos; metem-se em forma de olhos, nariz e boca, quatro búzios e está feito o Exu. Em seguida, esfaqueiam-se os outros bichos, sacrificando aos ifás. O novo babalaô recebe na cabeça um pouco desse sangue, o acólito ou *ogibonam* amarra-lhe na testa uma pena de papagaio com linha preta e, assim pronto, o novo matemático fica seis dias aprendendo a prática de alguns feitiços temíveis e rezando aos *odus ifás*.[110]

Os ifás são 16: *eidi-obé, ojécu-meiji, jori-meiji, uri-meiji, orosê-meiji, nani-meiji, obará-meiji, ocairá-meiji, egundá-meiji, oxé-meiji, oturá-meiji, oreté-meiji, icá-meiji, eturafã-meiji, axé-meiji* e *ogi-ofum*. No fim dos sete dias juntam-se os ossos, as cabeças, os pés dos animais com os restos de comida, a pena do papagaio do jovem professor, as ervas dos serviços anteriores, coloca-se tudo num alguidar para jogar onde o opelé disser, no mar, num lago, em qualquer rio. O iniciado é quem leva o alguidar, sem perder a razão, e canta no trajeto três cantigas...

---

[109]Argila.
[110]Odu: consulta de adivinhação. Ifá: orixá da adivinhação. Na realidade, João do Rio se refere ao opelé-ifá, ou rosário de ifá, que contém 16 obis ou frutos do dendezeiro, cujos nomes registra no parágrafo seguinte.

Estávamos no largo do Capim. A chuva era tanta que nos obrigara a recolher a um botequim qualquer, e Antônio, já sentado, bebendo vinho do Porto e acendendo pela 30ª vez a horrenda ponta do seu charuto, preparava-se para entoar as maviosas cantigas. Chegou mesmo a perpetrar uma, a segunda, a mais curta.

O-che-yturá a narê praquê
Abá gun-nem-gum gebó
Oury ôcú ou-myn-nam
Essé ouxy-cá gô-xé-nam ló nam

Esta apavorada oração significa: "Sabão da costa serve para resguardar a gente do rei que come urubu e limo da Costa. Nós, se comermos limo ou urubu pelo pé, hoje mesmo morreremos. Ele não defende filho como filho."

— Mas e o Sanin?

— V. Sª. não quer aprender mesmo? Deixe o Sanin. Está chovendo tanto!

— O Sanin é ou não um sábio?

— É malandro.

— Ainda melhor.

Quando saí, de dentro do botequim, Antônio esticou a mão.

— *Orumilá boru ibó, ibó bó, xixé!*

Negro amável! Com aquele seu gesto sacerdotal dizia-me:

— Satisfaça ao Deus que faz tudo e tudo entorta, amém!

Abri o guarda-chuva e respondi já de longe.

— *Ibó xixé!*

Sanin mora na casa do famoso Ojô, o diretor social da feitiçaria. A casa de Ojô fica na rua dos Andradas, quase no começo, com um aspecto pobre e um cheiro desagradável. Quando batemos, a chuva rufava em torno um barulho ensurdecedor. Não nos responderam. Batemos de novo. Alguém decerto nos espiava. Afinal, abriu-se a rótula e uma mulher apareceu.

— Babá Sanin?

— Não está.

— Venho mandado por um conhecido. Sem receio.

— A casa é de Emanuel...

— Ojô, eu sei. Foi o Miguel Pequeno que me mandou. Abre.

De novo a rótula fechou. A mulher foi consultar, mas não demorou muito que voltasse abrindo de esguelha e dizendo misteriosamente.

— Entre.

A sala tinha areia no assoalho, os móveis consertados indicavam que Ojô vive bem. Numa cadeira um fato branco engomado e mais longe o chapéu de palha atestavam a presença do feiticeiro.

— Então, Sanin?

— Vem já.

Pouco tempo depois apareceu Sanin, de blusa azul e gorro vermelho, o tipo clássico do mina desaparecido, andando meio de lado, com o olhar desconfiado. O pobre diabo vive assustado com a polícia, com os jornais, com os agentes. Para o seu cérebro restrito de africano, desde que chegou, o Rio passa por transformações fantásticas. É um malandro, orgulhoso do feitiço e com um medo danado da cadeia. Fora, decerto, quase à força que aparecera, e só muito lentamente o pavor o deixou falar.

— Babá Sanin, o Miguel Pequeno mandou-me aqui para um negócio muito grave. Babá tem uns feitiços novos.

— Não tem...

— Eu sei que tem. Abri a carteira, uma carteira de efeito, como usam os homens da praça, enorme, com fechos de prata. Não tenha medo. Se o Babá não me faz o trabalho, estou perdido. É a minha última esperança.

— Que trabalho?

Revolvi as notas da carteira, devagar, para mostrá-las, tirei um papelzinho e misteriosamente murmurei:

— Aqui tem o nome dela...

Na cara do feiticeiro deslizou um sorriso diabólico:

— Aha! Aha... Está bom.

— Sanin, eu tenho fé nos santos, mas os outros feiticeiros não dão volta ao negócio. Você vai acabar. Olhe, pode contar...

Tudo nesse mundo é esperança de dinheiro, de felicidade, de paz, e tanto vive de esperança o feiticeiro que a dá, como as pobres criaturas que com ele a vão procurar.

Sanin começou a falar dos feitiços dos outros, lembrou-se dos seus aos bocados, e em pouco, com a esperança de ganhar mais, fazia-me revelações.

Cada feiticeiro tem feitiços próprios. Abubaca Caolho, o alcoólico da rua do Resende, tem o *ibá*, cuia com pimenta-

-da-costa e ervas para fazer mal. Quando se fala de *ibá*, diz-se simplesmente: o feitiço do Abubaca. Jia, cabeça de pato com lesmas e o cabelo da pessoa, é uma descoberta de Ojô e serve para enlouquecer. Quem quer enlouquecer o próximo, arranja ou falsifica a obra de Ojô.

— Mas Babá Sanin, como é que sabe tudo isso?
— Então não aprendi? Eu sei tudo.

E como sabe tudo, dá-me receitas. Fico sabendo, sem pasmo, sentado numa cadeira, que giba e cabelo com corpo de macaco e um cabrito preto em ervas matam a gente e que esta descoberta é do celebrado João Alabá, negro rico e sabichão da rua Barão de São Felix, 76. Não é tudo. Sanin faz-me vagarosamente dar a volta ao armazém do feitiço. Eu tomo notas curiosas dessa medicina moral e física.

Para matar, ainda há outros processos. O malandrão Bonifácio da Piedade acaba um cidadão pacato apenas com cuspe, sobejos e 13 orações; João Alabá conseguirá matar a cidade com um porco, um carneiro, um bode, um galo preto, um jabuti e a roupa das criaturas, auxiliado apenas por dois negros nus com o teçubá, rosário, na mão, à hora da meia-noite; pipocas, braço de menino, pimenta-malagueta e pés de anjo arrancados ao cemitério matam em três dias; dois jabutis e dois caramujos, dois obis, dois orobós e terra de defunto sob sete orações que demorem sete minutos chamando sete vezes a pessoa, é a receita do Emídio para expedir desta vida os inimigos...

Há feitiços para tudo. Sobejo de cavalo com ervas e duas orações, segundo Alufá Ginja, produzem ataques histéricos; um par de meias com o rastro da pessoa, ervas e duas orações, tudo dentro de uma garrafa, fá-la perder a tramontana; cabelo de defunto, unhas, pimenta-da-costa e ervas obrigam o indivíduo a suicidar-se; cabeças de cobras e de cágado, terra do cemitério e caramujos atrasam a vida tal qual como os pombos com ervas daninhas, e não há como pombas para fazer um homem andar para trás...

— Mas para dar sorte, caro tio?

— Há mão de anjo roubada ao cemitério em dia de sexta-feira.

— E para tornar um homem ladrão, por exemplo?

— Um rato, cabeça de gato, ervas, o nome da pessoa e orações.

— E para fazer um casal brigar?

— Cabeça de macaco, aranha e uma faca nova.

— E para amarrá-los por toda a vida?

O negro pensou, olhando-me fixamente:

— Um obi, um orobô, unhas dos pés e das mãos, pestanas e lesmas...

— Tudo isso?

— Preparado por mim.

Então Sanin fala-me dos seus feitiços. Sanin é poeta e é fantasista.

Sob a dependência de Ojô, quase seu escravo, esse negro forte, de 40 anos, trouxe do centro da África a capacidade poética daquela gente de miolos torrados, as últimas novidades da fantasia feiticeira. Para conquistar, Sanin tem um breve, que se põe no pescoço. O breve contém duas tiras, uma cabeça de pavão e um colibri, tudo colorido e brilhante; para amar eternamente, cabeças de rola em saquinhos de veludo; para apagar a saudade, pedras roxas do mar.

Quando lhe pagam para que torne um homem judeu errante, o preto prepara cabeças de coelho, a presteza assustada; pombos pretos, a dor; ervas do campo, e enterra em frente à porta do novo Ashaverus;[111] quando pretende prender para sempre uma mulher, faz um breve de essências que o apaixonado sacode ao avistá-la. Sanin é também mau — mas de maneira interessante.

Os seus trabalhos de morte são os mais difíceis. Sanin ao meio-dia levanta no terreiro uma vara e reza. Pouco tempo depois sai da vara um marimbondo e o marimbondo parte, vai procurar a vítima, e não para enquanto não lhe inocula a morte.

O marimbondo é vulgar à vista do boto vivo metido dentro de uma caveira humana; em presença do feitiço do morcego, a asa que roça e mata, a raposa e o lenço, e eu o fui encontrar pondo em execução o maior feitiço: baiacu de espinho com ovo de jacaré — que é o babalaô da água, baiacu que faz secar e inchar a vontade das rezas e domina as almas para todo o sempre.

— Mas por que você, um homem tão poderoso, não me queria receber?

---

[111] Ahasverus ou o Judeu errante é um personagem lendário. Sapateiro em Jerusalém, enxotou Cristo da porta de sua loja gritando: "Anda!" e recebeu como resposta: "Tu também andarás até que eu volte". Desde então eternamente ele não pode mais dormir nem descansar.

— Porque andam a falar de nós, porque a polícia vem aí. Fizemos outro dia um despacho no Campo de Santana com os dentes, os olhos de um carneiro, jabutis, ervas e duas orações para quem fala de nós deixar de falar.

— Mas por que um carneiro?

— Porque o carneiro morre calado. Foi o Antônio-mina quem fez o despacho e todos nós rezamos de bruços e todos nós demos para o despacho, que custou 183 mil-réis.

Então eu apanhei o meu chapéu, apertei a mão do fantasista Sanin.

— Pois fez mal, babá, fez muito mal em dar o seu dinheiro, porque quem fala de vocês sou eu.

E como o negro aterrado abrisse a boca enorme, eu abri a carteira e o convenci de que todas as suas fantasias, arrancadas ao sertão da África, não valem o prazer de as vender bem.

Dinheiro, mortes e infâmia: as bases desse templo formidável do feitiço!

A IGREJA POSITIVISTA

O amor por princípio
E a ordem por base
O progresso por fim.

Era domingo, à porta do Templo da Humanidade, na rua Benjamin Constant.

Com o céu luminosamente azul e o sol tépido, havia muita concorrência nessa rua, de ordinário deserta: senhoras, cavalheiros de sobrecasaca, militares, crianças. Uns subiam logo as escadas do templo, cuja fachada recorda um templo grego; outros, mais íntimos, seguiam para o fundo, pelo lado direito. Teixeira Mendes fazia a sua prédica dominical.

Tínhamos ido conversar com um velho positivista. A princípio ele anunciara um profundo desprezo pela frivolidade jornalística e a imprensa. Mas depois, como eu risse sem rancor, permitiu-se levar-me até a igreja e foi tão bondoso que ali estávamos tagarelando de coisas superiores, enquanto ao templo continuava a afluir a onda de fardas de senhoras e de cavalheiros solenes.

— Não é possível negar a influência positivista na nossa política, sobre os brasileiros cultos, ia eu dizendo, mas o público...

— Os jornais...

— ...o grande público não compreende e irrita-se. O meu amigo pode falar de Spencer, de Kant, de outros filósofos. Passa por erudito e é respeitado. Basta, porém, falar de Comte para que o tome por um esquisitão e perguntem injuriosamente se essa é a religião de Clotilde de Vaux.

— É natural. É a gentinha que não conhece o culto, adulterado por princípios anárquicos. Mas você vê que os honestos já começam a compreender a doce religião que submeteu a inteligência ao sentimento.

— Tem-lhes custado.

— O positivismo tem 40 anos de propaganda no Brasil. Em 1864, o dr. Barreto de Aragão publicava uma aritmética dando a hierarquia científica de Comte e o dr. Brandão escrevia a *Escravidão no Brasil*. Foram esses os primeiros livros positivistas, hoje quase desconhecidos. Depois é que o positivismo começou a ser falado entre matemáticos e que os professores da Central e da Escola Militar deram em citar a *Astronomia* e o primeiro volume da *Filosofia*.

— Era o tempo em que se considerava a *Política* um livro ímpio...

— Ainda não se fizera sentir a necessidade de dispensar os serviços provisórios de Deus. O caráter religioso do positivismo não era conhecido. Isso não impediu que Benjamin Constant, fazendo concurso na Escola Militar, declarasse ser positivista ortodoxo e republicano, e que o próprio Benjamin, com os drs. Oliveira Guimarães e Abreu Lima, constituísse o núcleo dos ortodoxos em 1872.

— A influência foi nula... — interrompi eu, olhando um senhora loura que entrava com o catecismo encadernado em veludo verde.

— Nada se perde. Oliveira Guimarães deixou um discípulo, Oscar de Araújo; Benjamin levou às escolas a palavra religiosa do mestre, regenerou o ensino da matemática e foi o primeiro brasileiro que teve no seu quarto o retrato de Clotilde de Vaux. Os trabalhos adotados na Escola Militar são quase todos de discípulos seus. No meio inteligente desses últimos surgiram Raimundo e Miguel Lemos; era um momento de agitação. Pereira Barreto publicava o primeiro volume da obra *As três filosofias*, e tanto Miguel como Teixeira Mendes eram litreístas,[112] considerando a parte religiosa de Comte como obra de louco.

Foi com eles que Oliveira Guimarães fez aliança para fundar a biblioteca positivista e abrir cursos científicos.

— Era a filosofia da Academia...

— Sem jardins. O começo do positivismo no Brasil é absolutamente acadêmico. Em 1876, a Escola de Medicina manifestou-se com a tese *Da nutrição*, de Ribeiro de Mendonça, e a primeira sociedade positivista foi feita de professores ortodoxos e de estudantes litreístas.

— Seria curioso saber como estes mudaram.

---

[112]Adeptos de Emile Littré (1801-81), que desprezavam os derradeiros escritos de Comte.

— As pequenas causas têm às vezes grandes efeitos. Uma censura ao diretor da escola motivou serem suspensos, por dois anos, Teixeira Mendes e Miguel Lemos, que foram para a Europa; e, enquanto só Benjamin pregava aqui, os dois de Paris litreisavam. Mendes veio o mesmo, achando o Comte da *Política* maluco. Miguel ficou, e lá, *sponte sua*, abandonou Littré e relacionou-se com Laffite.[113]

— E converteu-se?

— A 4 de julho de 1879.

Solenemente, o meu amigo positivista apanhava sol. Levei-o com carinho para o jardim, onde devia florir o bosque sagrado com as sepulturas dos homens dignos. Não havia bosques nem sepulturas. Apenas algumas árvores. O positivista acendeu o cigarro, depois de o fazer com um forte fumo Rio Novo. Eu perguntei pasmado:

— Toma café?

Ele riu.

— Como toda a gente! Essa história de não tomar café e não fumar é apenas uma léria. Então você pensa que Augusto Comte imaginasse, de mau, fazer o mundo deixar o café e o fumo, só para arruinar o Brasil? O fato é outro. O grande filósofo não fumava nem bebia excitantes, porque lhe faziam mal; Miguel Lemos, doente como é, não se atira a esses excessos; Teixeira Mendes, um homem que reflete 16 horas a fio, não se pode dar aos devaneios

---

[113] Pierre Laffitte (1823-1903), discípulo de Comte e partidário da corrente ortodoxa do positivismo.

da fumaça... Não há proibições formais para o horrendo vício; há apenas medo...

Puxei com vigor uma baforada.

— A propaganda desapareceu com a estada de Miguel Lemos em Paris?

— Não. A sociedade passou a chamar-se Sociedade Positivista do Rio de Janeiro, sendo aclamado presidente o dr. Ribeiro de Mendonça, que se filiou a Laffitte.

— Começou a era do lafitismo...

— E com excesso. Concorríamos até pecuniariamente para o subsídio sacerdotal da igreja em Paris. Lemos influiu de tal modo em Teixeira Mendes, que pouco tempo depois este também se convertia. Foi, ligada a Laffitte, que a nossa igreja iniciou as comemorações de caráter religioso com a festa de Camões em 1886; que se comemorou o 22º passamento de Comte e a festa da humanidade; e é dessa época que data a primeira procissão cívica no Rio de Janeiro, com andores e o busto de Camões esculpido por Almeida Reis.

Quando Miguel voltou, aspirante ao apostolado, as reuniões tornaram-se regulares aos domingos, na rua do Carmo, nº 14, e Ferreira de Araújo abriu uma seção na *Gazeta* com o título *Centro Positivista*, cujo primeiro artigo dava a teoria científica do calendário. Em 1881, já presidente Miguel Lemos, o *Centro* passou para a rua Nova do Ouvidor, as exposições da religião tornaram-se regulares, e Raimundo fez no liceu um curso de catecismo, interrompido pelas suas célebres conferências de antigo litreísta contra o sofisma de Littré.

— Era a prosperidade.

— Nesse ano, em que se comemorou a Tomada da Bastilha, Lemos foi a São Paulo, fez nove conferências, fundou uma filial com Ferreira Souto, Carvalho de Mendonça, Oliveira Marcondes, Godofredo Martins e Silva Jardim, e as intervenções do *Centro* na nossa vida política acentuaram-se contra a imoralidade da colonização chinesa, traçando o programa do candidato positivista, protestando contra as loterias, exigindo o registro civil, a abolição, opondo-se às universidades...

— Já nesse tempo?

— Os artigos foram publicados na *Gazeta de Notícias* e fizeram com que o imperador se opusesse à ideia, aconselhando ao ministro que reformasse o ensino por qualquer meio que não fosse as universidades.

O meu velho amigo andou alguns passos pelo futuro bosque sagrado. Acompanhei-o.

Ouvia-se lá dentro o som múltiplo de uma orquestra. Raros retardatários entravam.

— Neste ano também — continuou com calma — uma circular instituiu o subsídio sacerdotal, o que deu lugar à retirada de Benjamin Constant, e foram conferidos os primeiros sacramentos aos filhos de Miguel Lemos, Teixeira Mendes e do dr. Coelho Barreto.[114]

— Hoje esses sacramentos são comuns?

— Como os do matrimônio, em grande número.

---

[114] O dr. Coelho Barreto era o pai de Paulo Barreto, que vem a ser o próprio João do Rio.

— A ruptura com Laffitte deu-se logo depois?

— Em 1883, Lemos ficou o único responsável do positivismo no Brasil, continuando a ingerir-se na vida pública da sua pátria.

— Mas este templo como foi feito?

— O Apostolado deixou a sede da rua Nova do Ouvidor para a rua do Lavradio. A mudança determinou o lançamento de um empréstimo, em 1891, para a construção do templo, no que muito concorreram Pereira Reis, Otero, Rufino de Almeida, Décio Vilares. A inauguração foi feita em 1894, e a igreja custou 250 contos.

— É mais uma prova da importância do *Centro* no regime republicano.

— A nossa intervenção no início da República foi de primeira ordem. Basta citar a bandeira nacional, a separação da Igreja do Estado, a liberdade dos professores, a reforma do Código no caso da tutela de filhos menores.

— O *Centro* também tem uma casa em Paris?

O semblante do positivista anuviou-se.

— Sim, a casa onde morreu Clotilde. Foi comprada por 70 mil francos. É triste. Em Paris não estavam preparados para compreender Teixeira Mendes. Era tarde para a campanha... Mas venha ver a nossa tipografia.

Caminhávamos com intimidade pela avenida estreita. De vez em quando ouvia-se o som de uma voz acre. Era a prédica.

A tipografia fica embaixo, correspondendo a toda a extensão da nave em cima. É completa. Pergunto respeitoso o número de publicações dessa oficina.

— As obras de maior valor são o *Ano sem par*, a *Biografia de Benjamin Constant*, a *Visita dos lugares santos do positivismo*, a *Química positiva*, as *Últimas concepções de Augusto Comte* (onde se acha a teoria dos números sagrados), todas as obras de Raimundo Mendes. A publicação de folhetos é talvez superior a 600.

— Mas os subscritores são muitos?

— São suficientes. A igreja do Brasil tem recebido também auxílios de Londres.

O pavimento embaixo não é só ocupado pela tipografia. Há também o gabinete luxuoso de Miguel Lemos e a Sala Daniel Encontre, onde Teixeira Mendes expõe aos jovens discípulos da humanidade, e a quem quiser ouvi-lo, as sete ciências. Ouvem-no lentes de academias e professores notáveis.

— É grande o número de positivistas?

— No Brasil os ortodoxos devem ser uns 700. Os simpáticos não se podem mais contar. As gerações que saem da nossa Escola Militar são quase que compostas de simpáticos...

— E a influência moral aumenta?

O positivista confessou com tristeza.

— Vai se tornando fraca. Não se admire. Será por fraqueza dos apóstolos? Será por que o público se afasta da realidade, corrompido moralmente? O fato é patente. Ainda há pouco o privilégio funerário foi uma campanha perdida... Mas entremos.

Com o chapéu na mão, nós entramos. Havia luxo e conforto. De um lado a secretaria, onde se vendem as obras editadas pela igreja, de outro, a sala onde está a escada para o coro, com orquestra e uma rica biblioteca de carvalho lavrada. Degraus atapetados dão acesso à nave.

O Templo da Humanidade é lindo. Ao alto, junto ao teto, correm janelas que arejam o ambiente. Todo pintado de verde-mar, está-se lá dentro como num suave banho de esperança. Sentam-se os homens na nave, que tem 14 capelas; colunas de pau-negro sustentando em portais abertos bustos esculturados por Décio Vilares. Os bustos representam os meses do calendário: Moisés ou a teocracia inicial; Homero, Aristóteles, Arquimedes ou a poesia, filosofia e a ciência antiga; César, ou a civilização militar; São Paulo ou o catolicismo; Carlos Magno, ou a civilização feudal; Dante, Gutenberg, Shakespeare, Descartes, Frederico Bichat, ou a epopeia, a indústria, o drama, a filosofia, a política, a ciência moderna; e Heloísa, a santa entre as santas, que fica na última capela voltando o seu semblante magoado para a porta.

Na capela-mor, rica de tapetes e de madeiras esculpidas, há uma cátedra, onde se senta Teixeira Mendes com as vestes sacerdotais negras debruadas de verde. Por trás fica um busto de bronze de A. Comte, e, dominando toda a sala, o quadro de carvalho lavrado com letras de ouro, de onde surge a figura delicada de Clotilde, a humanidade simbolizada por Décio numa das suas miríficas atmosferas sonhadoras.

A voz de Raimundo[115] corre com a continuidade de uma queda de águas; na nave cheia cintilam galões e lu-

---

[115]Raimundo Teixeira Mendes.

netas graves; na capela-mor, senhoras ouvem com atenção essa palavra, que não deixa de ser demolidora.

— Que é o positivismo? — sussurro eu, sentando-me.

É uma religião que respeita as religiões passadas e substitui a revelação pela demonstração. Nasceu da ruptura do catolicismo e da evolução científica do século XVII para cá. De Maistre dizia que o catolicismo ia passar por muitas transformações para ligar a ciência à religião. Comte descobriu a Lei dos Três Estados, a chave da sociologia, e, quando era o grande filósofo, Clotilde apareceu e ensinou que a inteligência é apenas o ministro do coração.

Agir por afeição
Pensar para agir

Comte proclamou que o homem e a mulher se completam sob o tríplice aspecto: sentimento, inteligência e atividade. A religião divide-se em Culto, Dogma e Regime, o que vem a ser bem amar, bem conhecer e bem servir à humanidade, o Grande Ser, o conjunto das gerações passadas e futuras pela geração presente. A existência do Grande Ser está ligada à terra, o Grande Fetiche, e ao espaço, o Grande Meio...

— Mas quantas senhoras!

— As mulheres devem amar o positivismo. Comte dignificou-as. A mulher é a força moderadora, o sentimento puro do amor que faz a sociabilidade, é a sacerdotisa espontânea da Humanidade que modifica pela afeição o orgulho vão e o reino da força: a mulher é a humildade, o foco do culto no lar, é Beatriz, é Clotilde, é Heloísa, mãe, esposa e filha, a Veneração, a Doçura e o Bem. As mulheres deviam ser todas positivistas.

Enquanto o meu amigo assim falava, Raimundo Mendes, do alto da cátedra, relampejava. Na catadupa de palavras faltavam *rr*, havia repetições de pensamento, de frases, mas na explicação cultual, de repente, iconoclastamente, o azorrague partia contra os fatos, contra a anarquia atual: e um esto[116] de amor, de amor indizível, de amor pela vida, subia, como um incensório, à alma das mulheres.

Fiquei enlevado a ouvi-lo. Esse mesmo homem, puro como um cristal, que tem o saber nas mãos, eu já o vira uma vez, de manhã, carregando com dignidade um embrulho de carvão...

As mulheres sorriam; em toda a translúcida claridade parecia vibrar a alma do grande filósofo terno e bom, e do alto, Clotilde, a Humanidade, abria como um lírio a graça suave do seu lábio.

---

[116]Maré-cheia.

OS MARONITAS

O povo maronita, dizia o papa Benedito, é como uma flor entre os espinhos. Se o pontífice notável tinha esta doce frase para pintar os homens do Monte Líbano, os que lhe sucederam guardaram tão perfumada imagem, e hoje, quando se fala dos maronitas, logo se recorda a flor e os espinhos antigos. Tudo, porém, neste mundo, tem o vinco fatal do destino. A frase dos papas tornou-se profética e através da vida imensa, os de Maron continuam a perfumar a crença impoluta entre os espinhos das hostilidades.

Os maronitas, gente extremamente religiosa, habitam a Síria e descendem dos Aramilos, filhos de Aram, de Sem, de Noé. Ascendência tão digna de respeito só os preparou para um longo e pungente sofrer. Desde os tempos dos apóstolos, dizem os *Atos* no versículo 22 do capítulo XV, eram cristãos, conservando a fé ortodoxa havida do Príncipe dos Apóstolos, no ano 38, da era de Jesus Cristo. Quando no quarto século começaram a aparecer no Oriente as heresias e as doutrinas falsas, protegidas pelos soberanos coroados de pedrarias, impostas pelas armas, e a fé e a soberania ao mesmo tempo vacilavam, São Maron, chefe dos eremitas da Síria, saiu de sua toca de cilícios[117] e orações e veio salvá-los.

— Quem é este homem de grandes barbas, meio roto? — indagavam os homens, vendo a figura ressurgida do santo sem pecado.

São Maron não respondia; seguia pelas estradas cheias de sol, na atmosfera de milagre do azul sem mancha, e pregava a doutrina pura, exortava o povo a conservar a sua verdadeira fé.

— Acredita sempre em Deus, tal qual te ensinaram os apóstolos, e conservarás a tua liberdade!

A gente, que dos seus lábios ouvia as palavras ungidas pela meditação contínua, seguia-o num novo resplendor de crença, em cada coração a esperança brotava, e em pouco tempo o povo da província do Monte Líbano era chamado maronita. Os heresiarcas quiseram caluniá-lo, mas Maron era puro como o cristal. São João Crisóstomo, o boca de ouro, na carta que lhe escrevia, rogava que por ele orasse, e a ironia como a calúnia fenderam-se de encontro ao seu broquel de bondade.

Quando a sua alma irradiou, deixando o invólucro terreno, o povo maronita tinha inabalável a crença para suportar todas as sangrentas perseguições, e tem sido desde então o mesmo ordeiro e persistente auxiliar da obra divina.

Durante as cruzadas combateu ao lado dos cristãos contra os ímpios. Ao aproximarem-se os exércitos, desciam

---

[117]Corda com pontas de ferro pontiagudo que os penitentes utilizam para ferir a própria pele.

da montanha, alimentavam e vestiam os cruzados nus e com fome. Sempre que os turcos entravam sedentos de sangue pelo seu território, sofriam como mártires o sacrifício sem protestar. O ódio do maometano seguia-os, entretanto, na vida simples e indolente dos mosteiros. Em 1860, os drusos,[118] povo pagão e feroz, recordando ódios religiosos, atiraram-se subitamente sobre os pobres maronitas, traídos e abandonados.

A carnificina foi horrenda. A França então, sempre benevolente com os cristãos do Oriente, mandou uma esquadra às águas do Levante, forçando o Turco[119] a modificar o governo do Líbano e dar-lhe uma certa autonomia. Desde essa época o governo é cristão, nomeado pelas sete grandes potências europeias, a câmara dos representantes faz-se por eleição livre e o chefe de polícia deve ser cristão. O chefe de polícia em todos os povos do Oriente representa um papel formidável.

Extremamente religiosos, os maronitas dependem civil, militar e religiosamente, em qualquer parte em que se achem, dos sacerdotes, e a hierarquia da sua igreja compõe-se de um prelado, com o título de Patriarca de Antioquia e de todo o Oriente, de 12 bispos diretores de 12 dioceses e de um número infindável de sacerdotes inteligentes e bons.

A intervenção europeia, entretanto, espalhou pelo mundo a flor pontifícia. A emigração esvazia aos poucos

---

[118] Seguidores de uma seita islamita xiita fundada no século XI.
[119] Abreviação de Grão-Turco, como era conhecido o sultão otomano.

o Líbano. Não se pode viver com farturas em terras tão antigas, as autoridades conservam a influência aterradora do sultão. Os que primeiro saíram com os ortodoxos e outros crentes de Jesus escreveram chamando os que ficavam, a perspicácia maometana facilitou a emigração para enfraquecer os libertos da sua prepotência e os maronitas vêm para os Estados Unidos, para a Argentina, para o Brasil, num lento êxodo...

Nós temos uma considerável pétala da celebrada flor. Uma das nossas maiores colônias hoje é incontestavelmente a colônia síria. Há 80 mil sírios no Brasil, dos quais 50 mil maronitas. Só o Rio de Janeiro possui para mais de cinco mil.

Quando os primeiros apareceram aqui, há cerca de 20 anos, o povo julgava-os antropófagos, hostilizava-os e na província muitos fugiram corridos à pedra. Até hoje quase ninguém os separa desse qualificativo geral e deprimente de turcos. Eles, todos os que aparecem, são turcos![120]

Os sírios, arrastados na sua imensa necessidade de amizade e amparo, davam com a muralha de uma língua estranha, num país que não os suportava. Agremiaram-se, fizeram vida à parte e, como a colônia aumentava, foram por aí, mascates a crédito, fiando a toda a gente, montaram botequins, armarinhos, fizeram-se negociantes. Quem

---

[120] Os maronitas, como todos os sírio-libaneses, entravam no Brasil com passaporte do Império Otomano, ao qual pertencia sua pátria. Eram, portanto, cidadãos turcos (embora de raça semita e religião cristã).

os amparou? Ninguém! Só, por um acaso, Ferreira de Araújo, o mestre admirável, escreveu defendendo-os. Os sacerdotes maronitas respeitam-lhe a memória, e na data da sua morte rezam-lhe missas pela alma, guardando delicadamente uma gratidão duradoura.

No mais, a hostilidade, os espinhos da frase papal.

Há nessa gente operários hábeis, médicos, doutores, homens instruídos que discutem com clareza questões de política internacional, jornalistas e até oradores. A vida é dura, porém; jornalistas e doutores vendem alfinetes e linhas em casas pouco claras da rua da Alfândega, do Senhor dos Passos, do Núncio e dos subúrbios. A totalidade ainda ignora o português.

Conversei com alguns maronitas, sempre de uma amabilidade penetrante. Um deles, dando-me a satisfação de uma prosa torrencial, falou como um estrategista da guerra russo-japonesa. Esse homem não falava, redigia um artigo de jornal com a retórica empolada que fez a delícia dos nossos pais e ainda hoje é força do jornalismo dogmático. Eu ouvia-o de lábios entreabertos.

— Se a justiça de Deus não desapareceu, se a vida humana decorre dos desejos da divindade, é possível crer que os japoneses possam vencer?

— Oh! Não!

Eu respondera, como no teatro, mas estava interessado por esses organismos simples, criados na chama e uma crença inabalável, desses românticos do Oriente.

Todos são feitos de exagero, de entusiasmo, de amor e de ilusão. Os dois jornais sírios têm títulos simbólicos e extremos: *A Justiça, A Razão*. Os homens naturalmente perdem o limite do natural. Numa outra casa em que sou recebido, um gordo cavalheiro preocupa-se com o problema da colonização.

— A colonização síria — diz — é a melhor para o Brasil. Os brasileiros ainda não a compreenderam. O sírio não é só o comerciante, é também agricultor, operário. Desprezam-nos? Este país não vê que conosco, povo tranquilo e dócil, não poderia haver complicações diplomáticas? Os espanhóis, os portugueses, os italianos enriquecem, partem, pedem indenizações. Nós, pobres de nós! Não pedimos nada, queremos ser apenas do Brasil.

Não respondo. Talvez bem cedo os sírios sejam assimilados à família heterogênea da nossa pátria. Estas criaturas têm qualidades muito parecidas com as dos brasileiros.

Vários negociantes que comigo discutem, porque os sírios discutem sempre, são como jornais retóricos e brandos; diziam naturalmente:

— No Amazonas perdi há pouco 400 contos. A colônia síria teve na baixa do café um prejuízo de 70 mil contos. As últimas remessas de fazendas elevam-se a 200 contos.

A princípio eu os acreditei um bando de Vanderbilts, falando com desprendimento do ouro e das riquezas. Mas não. Um sacerdote amigo nos desfaz o sonho. Há fortunas restritas. A totalidade, porém, tem relações com o alto comércio, compra a crédito para vender a crédito aos mercadores ambulantes do interior e às vezes a situação complica-se, quando lhes falta o pagamento dos últimos, tudo por causa do exagero, a mania de aparentar riqueza. Cada cérebro oriental tem um Potosí[121] nas circunvoluções.

— Os sírios chegam, ganham dois mil-réis por dia e já estão contentes, nunca serão verdadeiramente ricos, porque aparentam ter oito quando apenas têm dois.

Este feitio os há de fazer compreendidos dos brasileiros.

Mas os maronitas, sob a proteção do velho santo austero, são essencialmente bons, de uma bondade à flor da pele, que se desfaz em gentilezas ao primeiro contato como um bombom. Os homens falam sempre, as mulheres olham com seus líquidos olhos insondáveis e por todas essas casas há, inseparável da vida, o mistério da religião, no amor que as mulheres, algumas inefavelmente belas, proporcionam, nos negócios, nas ideias e nas refeições. Quando um maronita enferma, a primeira coisa que faz é chamar um padre para se confessar; quando um negócio vai mal, aconselha-se com o sacerdote, só casa pelo seu rito, o único verdadeiro, e trabalhando para viver, funda irmandades, colégios e pensa em edificar capelas.

De 1900 data a fundação da Irmandade Maronita, posterior a outras duas que se desfizeram; foram sócios fundadores: Dieb Aical, Arsenius Mandur, Galep Toyam, Seba Preod Curi, Miguel Carmo, Acle Miguel, João Facad, Antônio Nicolau, Antônio Kairur, Bichara Bueri, Gabriel Ranie, Salbab, José Chalub e Bichara Duer. Brevemente abrirá as suas portas o Colégio dos Jovens Sírios.

---

[121] Região da Bolívia célebre por suas minas de prata.

Apesar da permissão de dizer missa em todas as igrejas católicas e de celebrarem aos domingos na Saúde e em Cascadura, já compraram o terreno na rua Senhor dos Passos para edificar a capela maronita, e a propaganda se faz mesmo entre os sírios ortodoxos e maometanos, porque uma ordem do papa lhes indica que pela bondade façam voltar à crença única as ovelhas tresmalhadas.

Atualmente há três padres maronitas em São Paulo e quatro no Rio, os reverendos: Pedro Abigaedi, Pedro Zaghi, Luís Trah e Luis Chediak. Andam todos de barba cerrada, usam óculos e são suavemente eruditos. Trah, por exemplo, esteve oito anos na Bélgica e discursa como um regato tranquilo; Chediak é professor, e cada palavra sua vem repassada de doçura.

É sabido que a reconciliação dos maronitas com a igreja romana data de 1182. A reconciliação foi incompleta a princípio, mas hoje é quase integral. Os padres, podendo casar, abandonam essa ideia; há o maior respeito pelo Sumo Pontífice, e a política do Vaticano consegue aos poucos outras reformas.

Como os padres me levassem a ver o terreno donde a igreja maronita surgirá, interroguei-os a respeito do rito da sua seita.

— É quase idêntico ao romano — dizem-me. — A liturgia é redigida em siríaco. É uma necessidade. Há sírios que sabem de cor o sacrifício da missa. Talvez o mesmo não aconteça numa igreja romana, que conserva o latim.

— A começar pelos sacristãos.

— Há além disso as missas privadas, a regra é a de Santo Antônio e seguimos o martirológio de São Maron.

— Dizem que os maronitas foram a princípio monotelitas...[122]

— Dizem tanta coisa no mundo!

Eles tinham parado diante de uns velhos muros.

— Será aqui a igreja?

— Querendo Deus!

E não sei por que, vendo-os tão simples diante das paredes carcomidas, esses sacerdotes de um povo religiosamente bom, eu recordei a frase profética dos papas. O povo maronita é como uma flor entre espinhos, mas uma flor cujo viço é eterno. Os espinhos continuam persistentes mas a velha flor espalha-se pelo mundo, recendendo a mais doce ternura e a mais profunda crença...

---

[122] Monotelista; adepto da doutrina do século VII, segundo a qual Jesus Cristo possuía somente uma vontade divina.

OS FISIÓLATRAS

Quando resolvi interrogar o hierofante[123] Magnus Sondhal, sabia da fisiolatria o que os prosélitos deixavam entrever em artigos de jornal cheios de nomes arrevesados e nos comunicados trazidos aos diários por homens apressados e radiantes. Pelos artigos ficara imaginando a fisiolatria um conjunto de positivismo, ocultismo e socialismo; pelos comunicados vira que os fisiólatras, quase todos doutores, criavam cooperativas e academias. Entretanto, o sr. Magnus Sondhal, certa vez à porta de um café, definira para meu espanto a sua religião.

— A fisiolatria não é um culto no sentido vulgar da palavra, mas uma verdadeira cultura mental. É, antes, a sistematização racional do processo espontâneo da educação dos seres vivos, donde resultaram todas as aptidões, mesmo físicas e fisiológicas, respectivamente adquiridas.

---
[123]Expositor de mistérios sagrados.

Pus as mãos na cabeça assombrado. Magnus tossiu, revirou os olhos azuis.

— A fisiolatria baseia-se, como toda reforma sociocrático-libertária, na sistematização da lógica universal ou natural que o hierofante + Sun intitula ortologia.

— Ortologia? — fiz sem compreender.

— Do grego *orthos logos*, reta razão.

A religião é também chamada ortolatria, ou verdadeira cultura, como ortodoxia, significa verdadeira doutrina. Os fisiólatras pretendem fazer uma remodelação de todas as coisas humanas, não limitando a sua ação à modificação dos conceitos.

— Mas o remodelamento geral é possível?

Sondhal sorriu com calma:

— Nós somos onibondosos, onicientes e onipotentes.

— Os atributos de Deus.

— Nós nos intitulamos os verdadeiros deuses. A reforma abrange as opiniões, os costumes, o homem e a própria terra.

Arregalei os olhos, pus o pé bem firme no chão, passei o lenço trêmulo na fronte e olhei os verdadeiros deuses. Para o que falava, envolto na sobrecasaca, com uma barbinha rala e o nariz ao vento, escavaquei a religião do ideal divino e não lhe achei comparação. O outro torcia um bigode sensual por cima do lábio rosado.

— Com que então deuses? Dera-me de repente a vontade de ser também onisciente e onipotente. Mas que é preciso para eu ser também?

— A propaganda toma um cunho secreto. Os aspirantes à ortologia têm de passar pela iniciação esotérica, que custa, além das provas morais, 500 mil-réis em moeda corrente.

Era relativamente barato, e eu pensava em fazer uma redução shiloqueana,[124] quando Magnus começou a desdobrar a beleza útil da vida fisiólatra.

A iniciação dá entrada na Universidade Ortológica, resumida no hierofante, a qual se intitula maçonaria + católica. A maçonaria católica divide-se em lojas, cujo conjunto, em três graus, constitui o respectivo templo. Os aspirantes representam as lojas, o templo só pode ser representado pelo hierofante ou por um areopagita.[125]

— Onde esse templo?

— Os fisiólatras, os que praticam a magia ortológica, não precisam de local determinado. São os novos homens, fazem excursões pelos prados, montes e lagos em *Fraterias* estéticas, filosóficas ou ortológicas, conforme o grau dos ludâmbulos.[126]

— Ludâmbulos?

— Uma palavra da língua universal!

---

[124]Relativo a Shillok, o agiota judeu da comédia *O mercador de Veneza,* de William Shakespeare.
[125]Membro do areópago, assembleia de sábios e literatos na antiga Atenas.
[126]Neologismo criado em 1889 para significar "turista"; no texto tem outro significado.

— O volapuque?[127] O esperanto?[128]

— Não, uma língua inventada por mim, a al-tá.

— Mas que vem a ser o al-tá?

— Aplicando a ortologia (ou lógica universal) aos fatos da linguagem, verifica-se que os elementos fonéticos, sons e entonações (ou consoantes e vogais) são por toda a parte idênticos. Deduz-se que são oriundos das mesmas impressões e resultantes das mesmas aptidões expressionais. Colocando em sínese,[129] descobre-se que os sons, que exprimem relações, formam uma escala semitonal, como a da música, e composta de 13 notas, ou graves primárias como todas as escalas, aliás: U (grave fundamental), A (dominante e geratriz) e I (sensível superior) estabelecem todas as relações sinésicas:

U	A	I (e U)
Gênese	Megafohema	Metafohema
Origem	Crescimento	Transformação
Passado	Presente	Futuro
Corpo	EspaçoZ	Movimento
Sentir	Pensar	Agir
Opressão	Libertação	Aspiração
Escuro	Amarelo	Rubro e branco
etc.	etc.	etc.

---

[127]Língua universal artificial criada em 1879 pelo padre alemão Martin Schleyer.
[128]Língua universal artificial criada em 1887 pelo linguista polonês Zamenhof.
[129]Aproximar pela inteligência; do latim *synesis* (inteligência).

Quanto às entonações, essas formam três teclas, donde três escalas, também, analógicas, mas distintas:

H (geratriz)

Tecla gutural	Tecla dental	Tecla labial
K (chave)	T (chave)	P (chave)
G (guê)	D	B
Ch	R	F
J	r (brando)	V
.	L	.
.	Lh	.
.	S	.
.	Z	.
.	N	M
.	Nh	.

(Metafonias para cada coluna)

Aplicando a sínese ortológica às teclas orais, como se faz relativamente aos sons, temos:

Tecla gutural	Tecla dental	Tecla labial
Gênese	Megafohema	Metafohema
Objetivo	Subjetivo	Ativo
Eidonomia	Eimologia	Ergonomia e Erostergia

Detalhando, enfim, o valor fracional dos fonemas em geral, obtém-se, por dedução lógica, a "expressão natural"; de qualquer espécie de impressão: sensacional, emocional ou acional... e a Língua Universal está, enfim, racionalmente instituída.

Exemplo perfunctório:

K é a raiz de corpo, concreto etc.

A significa o atual e ação, donde:

Ativo: **K A** — o corpo que se apresenta e se move

e

Passivo: **A K** — o corpo que é impelido ou sofre a ação.

M é o símbolo do sentir e agir, donde:

Passivo: **A M** = Eu = amo = sou...

e

Ativo: **M A** = mu = mover = mãe, mulher.... criar

Eu não o compreendera muito bem, não compreendera mesmo nada. Magnus Sondhal, porém, foi íntimo e educador.

— Vou dar-lhe alguns nomes esotéricos dos iniciados da maçonaria católica. Sobem a milhares, além de alguns que foram condenados ao olvido, ao al-tá...

Fez uma pausa, depois como quem se confessa:

— Eu devo dizer esotericamente, o espírito que preside a Propaganda da Razão. A minha emancipação de ortólogo vai a um extremo inacessível para a totalidade dos homens coevos.[130] Por isso, tudo o que eu faço toma

---

[130] Contemporâneos.

o aspecto joco-sério, desde o deboche até o sagrado, desde a Orgia até o Culto da Natureza!... De fato estou exterminando pelo ridículo todas as velhas e caducas crenças e instituições e todos os preconceitos, mesmo científicos e filosóficos! Em mim a Consciência Superior, a dignidade e a nobreza destruíram por completo toda espécie de Veneração, Respeito ou Tolerância!... Mas, voltemos aos nomes esotéricos.

Todo iniciado na maçonaria católica toma um nome por sua própria escolha, em substituição ao nome, sem sentido, que lhe deram seus pais Gorilhas. Esse novo nome é a síntese de seu verdadeiro ideal ou aspiração superior para o progresso. Em torno desse novo símbolo, o iniciado constrói a sua nova existência subjetiva, isto é, o seu carma. Quem souber identificar-se com seu nome de regenerado, está, *ipso facto*, isento de toda e qualquer perturbação subjetiva, causada habitualmente pelos ataques malévolos da canalha humana. Mas a adoção voluntária do novo nome é, além disso, um ato belamente revolucionário, e um protesto solene contra todas as velharias e convenções hipócritas e perversivas. Quem escolheu o seu próprio nome também rompeu, *ipso facto*, com todas as imposições e imposturas que tendam a tiranizar a sua vontade e tolher a sua liberdade de indivíduo!... Mil outros motivos há que advogam esse Rito da Adoção.

— Os nomes esotéricos! — supliquei, vendo que se eternizava num eterno falar.

Ele sentou-se com um papel e um lápis.

— Antes de tudo, é preciso conhecer o esquema da figura da Lei Universal, ou Ciclo da Matéria, donde se deduz a ortologia, ou a Sabedoria Universal.

Diante daquele lápis hostil, tremi.

— Os nomes sem figuras, Magnus.

Ele coçou a ponta do nariz.

— Ei-los:

SUN, nome do hierofante (+) atual; significa: *Sol no nadir*, ou *Sol posto* e, por extensão, *Luz invisível*, isto é, *Sol subjetivo*.

Etimologia: S... símbolo de fonte e de brilho em sua máxima intensidade e, portanto, símbolo de sol; N... símbolo de infinito e indefinido, de espaço e de espírito, portanto: *num ponto indefinido do espaço*. A... quer dizer: presente, ou visível, donde SAN — *Sol acima do horizonte visual*. I... significa o que está para vir e o que sobe, donde SIN — *o sol que vai nascer ou nascituro*. U... quer dizer o que está embaixo, donde SUN, o *Sol no nadir*.

BLUM-SAN-UR — *A flor que o sol gerou*. Nome de um areopagita, cujo símbolo é a cruz.

AM-VA — *Viver para o amor*. Nome de outro areopagita, em São Paulo.

UN-AN — *O espírito de origem*, engerador. Nome de outro areopagita, em Minas.

GVAM-IL — *Viver, amar e ser livre*. Nome de um iniciado do 2º grau.

AL-GAI — *Aquele que quer que todos folguem*. Nome de um cientista bom e inteligente. Iniciado do 2º grau.

VAR-UN — *A vida que palpita imperceptivelmente no seio da matéria*. Nome de um distinto iniciado do 1º grau.

SIR-US — *O filho da aurora boreal*. Nome de um companheiro dedicadíssimo que propulsionou a propaganda da razão no estado do Paraná.

GAM-AR — *Aquele que vai alegrar-se e folgar agindo com entusiasmo pela regeneração humana*.

Um instante calamo-nos. O hierofante Sun limpava o suor. Mas dentro em pouco continuou a falar.

— Temos — disse — idealizados quatro templos para serem erigidos no centro de cada uma das quatro partes em que dividimos a terra. Os templos chamam-se os Templos da Razão.

Também em épocas que todos chamam das grandes transformações, os homens deram templos à Razão encarnada.

— Há muita gente iniciada? — indaguei, afundando em amargas comparações históricas.

— Muita, só agora, porém, é que a iniciação deixou de ser grátis. Não imagina como progredimos.

Há quatro ou cinco anos que em Minas Gerais se fazem festas sociolátricas. As peripateias ou excursões cultuais são comuns em todos os estados, *maxime* no Paraná.

— E aqui?

— Vamos entre as árvores discutindo e conversando...

Platão! Aristóteles! Jesus! Delille! Procurei acalmar o meu estado nervoso. Assistira à missa negra, vivera entre os negros orixalás, que sobre o opelé dizem a vida da gente, ouvira os espíritas, os ocultistas, os gnósticos católicos. Essa reforma desorganizava-me.

— Mas tudo isso foi inventado pelo senhor?

— Foi.

— E desde quando pensa na reforma?

— Desde a idade de cinco anos, em que aprendi a ler sozinho. Só, porém, em 1884 é que cheguei aos resultados práticos em Cataguases.

— É brasileiro?

— Descendente de islandeses, os verdadeiros descobridores da América.[131]

Recolhi meditando a questão. Aquele homem que aprendera a ler com tenções de reformar a sociedade, a ortologia, as peripateias, a reforma da terra — tudo isso assustava. Refleti, entretanto. Magnus era um vasto saber, calmo e prático, formado em cabala, tendo viajado o mundo inteiro.

Se apenas nessa qualidade dissesse ter inventado o moto-contínuo nas asas das borboletas, eu, deplorando-o, levá-lo-ia ao hospício. Mas Sondhal inventara uma religião, a religião que é o bálsamo das almas, uma religião brasileira, e, como Jesus à beira do lago Tiberíade, ensinava aos iniciados à beira da lagoa Rodrigo de Freitas e da

---

[131] Alusão ao fato, comprovado arqueologicamente, de que *vikings* islandeses estiveram na Groenlândia e na costa do Canadá alguns séculos antes de Cristóvão Colombo desembarcar nas ilhas do Caribe.

lagoa dos Patos. Era mais um profeta, venerei-o; e assim fazendo quis saber quem comigo o venerava. A fisiolatria é uma religião de doutores; numa lista de 200 ortólogos, 60% são bacharéis.

As listas são feitas com pompa, e em cada uma eu li: drs. Toledo de Loiola, Tavares Bastos, Jango Fisher, Flávio de Moura, Luís Caetano de Oliveira, Antônio Ribeiro da Silva Braga, Adolfo Gomes de Albuquerque, Floripes Rosas Júnior, José Vicente Valentim, Ulisses Faro, Barbosa Rodrigues Júnior... Uma série interminável de bacharéis!

Tantos doutores devem assegurar a doutrina doutíssima. Fui então procurar o hierofante no seu templo, que tem percorrido várias casas da Cidade Nova. Sondhal recebeu-me com o seu inalterável sorriso e o seu inalterável *pince-nez*.

— Há tantos doutores na sua religião, hierofante, que eu a considero.

— Pois, ergonte, uma das ideias da minha religião é acabar com os doutores!

Sentamo-nos divinamente e eu o interroguei:

— A sua religião tem qualquer coisa de positivismo?

— Fui apóstolo da Humanidade seis anos. Só depois é que comecei a propaganda da União Universal, a princípio com um filósofo dinamarquês, depois com os drs. Adolfo de Albuquerque, Silva Braga e outros areopagitas. A fisiolatria transforma as palavras e expressões das outras línguas, transformando as instituições humanas existentes e inexistentes em fatos positivos. Os fenômenos naturais tornam-se até sensíveis.

— A reforma é então geral?

— Até no vestuário. Acredita o senhor que no futuro continuaremos a usar sobrecasaca? Pois, não!

As roupas dos ergontes serão determinadas pelas estações do ano com um cunho simbólico e as cores tiradas da figura universal. No verão, por exemplo, 1ª estação, macrofísica e que representa o dia da vida, usar-se-ão as três cores fundamentais; no outono, 2ª estação, a tarde da vida, cores sombrias; no inverno, 3ª estação, microfisição, a noite da vida, roupas negras, e na primavera, 4ª estação, roupas brancas, para corresponder ao albor da existência...

— Muito poético. As nossas casacas passarão a ser empregadas apenas nos bailes de máscaras, como fantasias de gosto. Também, que seria do vestido de Maria Stuart se não fosse o carnaval? Consolemo-nos com a homenagem dos futuros ergontes!

Enquanto essas loucuras eram ditas, Magnus Sondhal sorria.

— Uma religião tão nova deve ter o seu culto especial.

— Tem, com efeito: o cratu,[132] ou culto público, e a magia, ou culto íntimo.

O cratu tem um quadro sinótico.

---

[132] No original está grafado: kratu.

Ei-lo:

CARMA

(ou: a Criação e a Transformação Eterna, geradas e contempladas pelo Amor)

COSMOS	ONTOS	ETHOS e ESTHETOS
EIDONOMIA e EIMOLOGIA		ERGONOMIA e EROSTERGIA
1º grau	2º grau	3º grau

FISIOLATRIA

	IDOLATRIA	BIOLATRIA	PSICOLATRIA	
1º dia	SOL	Fecundação	Sentir	Amor
2º dia	LUA	Gestação	Conceber	Sabedoria
3º dia	TERRA	Procriação	Construir	Poesia
4º dia	MAR	Nutrição	Mecânica	Sensualismo
5º dia	AR	Respiração	Química	Vitalismo
6º dia	CÉU	Lhomição	Alquimia	Animismo
7º dia	NOITE	Subjetivação	Hiperquimia	Idealismo
donde	REFLEXÃO	CONSCIÊNCIA	MAGIA	

A palavra magia é empregada no sentido de sua etimologia altaica, isto é, derivada de MAC — Força e Ação e I — sobre ou para o Futuro. Representa o estado superior da vida, em que o Espírito ou a Razão dirige a Força Inconsciente.

A magia começa a revelar-se nas próprias iniciações maçônicas pela adoção de um nome esotérico que liberta das más influências. Só eu a posso empregar, porque sou o único a conhecer a hiperquímica ortológica, ou as leis naturais das influências psíquicas.

A hiperquímica, de *hiper* e da língua universal *kim*, que significa a parte invisível e indestrutível da matéria, que tem duas ciências preliminares: a alquimia, ou tratado da reação das matérias em estado das correntes puras, e a *quimia*. O princípio alquímico é que a matéria é una, vive, evolui e se transforma. O princípio unitário *lhôma* entra como acusa em todas as reações e por ele se explicam o fenômeno microfísico das funções cerebrais, a função das imagens interiores e a influência da moral sobre o físico.

Mas tudo isso está nos nossos livros: *A reforma sociocrática e a maior evolução do mundo*, o *Catecismo ortológico*, *A arte de enriquecer ou extinção do pauperismo pela instituição da plutometria em substituição à plutocracia*, *A explicação de Deus ao papa*, *A pré-história segundo a ortologia* e outros volumes. O essencial acha-se, porém, num livro manuscrito, que não se imprime: o *Catecismo esotérico*.

Depois, paternalmente, o hierofante disse:

— Venha ver hoje uma sessão de magia. Nós comemoramos a morte de um iniciado. O templo é uma sala, mas é de dever deduzi-lo da figura da Lei Universal ou Al-Miz: ao norte a loja azul, ou do 1º grau; a este a loja amarela ou do 2º grau; ao sul a loja rubra, ou do 3º grau; a oeste a *duma* ou sala negra, no canto o templo ou empíreo.[133] O *duma* e o empíreo significam o branco e o negro, dois elementos antitéticos do Binário Universal... Venha às 23h30.

Eu fui. Era uma noite úmida, de chuva, no dia cinco de agosto. O iniciado que morrera, meu amigo, um gênio musical, passara a vida agarrado a todas as fantasias. Eu fui e delirei tranquilamente. Tínhamos combinado estar na pensão de Sondhal. Quando lá cheguei, encontrei 13 homens de chapelão desabado e manto negro. Pareciam conspiradores. Abri o manto de um deles e vi que estava forrado de seda roxa; abri o de outro, também, e todos tinham varinhas na mão, onde brilhavam ametistas, a pedra da magia! Reparei, então, que o hierofante era um deles.

— De que é feita esta bagueta? — inquiri.

— De uma liga metálica que é um segredo alquímico! — respondeu uma voz. — E com o hierofante à frente, todos deslizaram pelo corredor escuro. Eu os seguia como a sombra de seus mantos. De repente, pararam a um sinal seco e eu retive um grito. Na extremidade superior do cetro do hierofante, começava a bruxulear uma luz fosforescente.

— Meu Deus!

— Cala-te, é a luz física, é o *au-lis*![134]

---

[133]Local da morada dos deuses.
[134]Au = símbolo químico do ouro. *Lis* = lírio em francês.

Todos os magos ergueram verticalmente as baguetas estendendo o braço direito no ar, e na extremidade de cada uma, como uma misteriosa gambiarra de vagalumes, o *au-lis* acendia a sua fulguração indizível. Nas copas dos chapéus dos magos vibrava o telegormo, que transmite as palavras pensadas. A luz, porém, cessou, as varas abateram-se e os treze saíram para a rua como simples transeuntes.

No curto trajeto do hotel à sala do templo, eu tive a impressão de um ser à parte num mundo à parte, e quando cavamente a porta se fechou num cavo reboo e subimos aos tropeços as escadas, pareceu-me cair outra vez na amada vida. A luz reaparecera.

Na sala, cheia dessa luz, o hierofante subiu os três degraus do altar, voltou-se para os magos, deu na ara[135] três pancadas e falou. Era a prece da Evocação. Agarrei-me a um portal, tremendo. Com toda a solenidade o homem foi ao outro canto e fez a segunda prece, a Invocação. Depois, voltado para o Oriente disse a Efusão. Terminado que foi, sentou-se. Reparei então que havia um estrado e em cada canto sentavam-se quatro magos.

— Aquele estrado? — fiz num sopro.

— É o palco dos fantasmas, ou o *lig-ôma*!

De novo três pancadas bateram. O hierofante, em pé, fez o gesto sagrado, colocando a mão esquerda sobre o coração, fonte do Viver e do Sentir, e a direita, ou da ação, na fronte, centro psíquico. Depois de um gesto para o ar e para a fronte indicou o Porvir e o Ideal.

Todos os magos bradaram:

---

[135] Altar.

— *Au-ár! Au-ár!*

E a voz do hierofante abriu na treva:

— Pobre e triste humanidade de mortos!... Pressentiste o poder da alma humana, e inventaste a invocação, o culto e a prece!... Mas, a quem te dirigias tu? A ficções impotentes! Não conhecias a matéria no seu estado unitário de Lhôma, embora teus grandes filósofos chegassem quase a determinar sua existência. Que era o culto do Lhôma na Pérsia antiga e o do Soma[136] na Índia, senão o grande vislumbre da grande magia fisiolátrica!... Mas agora o Universo nos está revelado, em todas as suas maravilhosas manifestações: alquímicas, químicas e hiperquímicas!... Pelo Cérebro, abalamos o Lhôma, que penetra toda a Matéria orgânica ou inorgânica!... E o Cérebro é um universo microfísico, onde os átomos valem os astros do espaço sideral!... E lá dentro do crânio há luz, porque é do Lhôma tenebroso que, por toda a parte, ela se gera?... Que mais pode surpreender ao ortólogo?!... Onde pode haver um canto no Universo que sua vontade não penetre?!... Onde um Ser ou Fato que sua Microtagia não desvende?!... Homens mortos!... Vítimas da feitiçaria teolátrica e da negra magia das forças brutas e inconscientes da Matéria!... Sede eternamente malditos!... Mostrai-vos ali! no palco dos fantasmas, em toda a nudez do vosso hediondo Sofrimento!...

Eu bati os dentes com um frio que traspassava os ossos. A luz acendia de vez em quando, e naquele estrado, onde

---

[136] Bebida inebriante usada pelos sacerdotes dos templos védicos para entrar em comunhão com a divindade.

os espíritos mais deviam estar, eu via o vazio, o vazio horrível, o vazio doloroso.

— Surgi. Vós também, ó Heróis do Bem, continuara o mago, que vivereis eternamente, impulsionando os Progressos que só a Razão inspira! Ei-los!... Eis os quadros da vida humana!... torpe, miserável!... Quem é aquele sublime Lic-Ur, cercado de Amores e de Harmonias, e cuja presença de Luz dissipa e dissolve os tenebrosos e estúpidos Nuros corruptores?!... É o San-ár... Ei-lo sublime que nos aponta o futuro, onde fulgura também a nossa suprema vitória! Assim como ele anulou a corrupção dos mortos, nos quadros *telefênicos* do espaço sideral, nós também anularemos a corrupção dos vivos decadentes, que são demais na superfície do planeta!...

Demais! Os que são demais! Eu ali dentro estava demais! Então abri a porta, saí, olhando para trás, aterrado do San-ár, dos Nuros, desci agarrado aos balaústres da escada e quando sentei na soleira da porta, fatigado, com o cérebro vazio, senti que suava e que me ardiam as faces...

No outro dia encontrei o fisiólatra Magnus acompanhado de vários iniciados.

— Vou fundar uma universidade no Liceu de Artes e Ofícios. Não deixe de ir assistir às conferências preparatórias.

— Mas ontem, ontem que fizeram vocês?

Houve uma pausa.

— Meditamos até de manhã à beira da sabedoria para que a sabedoria viesse.

E Magnus Sondhal, com um volume de Nietzsche debaixo do braço, seguiu com os iniciados pela rua afora, como se fosse um ser natural...

O MOVIMENTO EVANGÉLICO

A IGREJA FLUMINENSE

— A Igreja Fluminense data de 1858. Foi a primeira congregação evangélica estabelecida no Brasil, graças ao espírito de um homem rico e feliz.

O sr. Robert Reid Kalley trabalhava na ilha da Madeira, quando, em 1855, lembrou-se de vir ao Rio de Janeiro. Era escocês, médico, ministro evangélico e possuía bens de fortuna. Ao deixar o clima delicioso da ilha por esta cidade, naquele tempo foco de algumas moléstias terríveis, não o enviava nenhum *board* estrangeiro, vinha espontaneamente por amor do Evangelho de Jesus Cristo.

O Brasil sempre foi um centro de reunião de colônias diversas praticando as suas crenças com a mais inteira liberdade.

Entre a prática da religião, porém, e a pregação à grande massa vai uma diferença radical. Robert Kalley vinha para uma monarquia católica, em que a igreja era um desdobramento do estado; aportava a uma terra em que cada data festiva fazia repicar no ar os sinos das catedrais e desdobrava por sobre a cidade os pálios[137] e as sedas roxas dos paramentos sacros; vinha pregar ao povo, amante de procissões, que rojava[138] na poeira das ruas quando passavam as imagens seguidas de soldados. E Kalley veio e pregou contra os pálios, contra as imagens e contra o povo a rojar, escudado na doce crença de Jesus...

Íamos os dois, eu e o vereador Marques, pelo asfalto do campo da Aclamação. Muito cedo ainda, os pássaros cantavam indiferentes ao bulício da grande praça, e eu, cada vez mais encantado, ia a ouvir a suave conversa.

— Era o diletantismo da evangelização.

— Era o conforto moral que a religião dá. Se até hoje os nossos evangelizadores são apedrejados, se nos fecham as igrejas, imagine a impressão do protestante naquele tempo. Kalley, o ousado capaz de afirmar meia dúzia de ideias desconhecidas, teve uma série infindável de inimigos.

— O protestante! Que recordação de épocas históricas. Carlos IX, os huguenotes, e êxodo para as Américas, o horror das imagens...

— Os populares naquele tempo não admitiam o funcionamento regular, com entrada franca, das igrejas evangélicas. Kalley, três anos depois da sua chegada, fundava sem bulha, com alguns adeptos, o primeiro templo evangélico, que chamou Fluminense.

---

[137]Cobertura portátil de tecido, sustentada por varas, que cobre o padre que comanda uma procissão.
[138]Curvar-se até o chão e rastejar em sinal de profundo respeito.

Há temperamentos de missionários. Kalley era um desses. Olha que podia viver muito bem na Escócia, à beira dos lagos, entre os verdes lindos dos vales. Preferiu a nossa cidade de há meio século, bárbara, feia, cheia de calor; esteve 20 anos no Rio, e só voltou à pátria quando teve a certeza de deixar uma igreja completamente organizada.

— E deixou?

— Ao partir, em 1876, a igreja tinha uns cem membros, havia um pastor substituto, João Manuel Gonçalves dos Santos; eram presbíteros Francisco da Gama, Francisco da Silva Jardim e Bernardo Guilherme da Silva; e diáconos João Severo de Carvalho, Antônio Soares de Oliveira, Manuel Antônio Pires de Mello, José Antônio Dias França, Manuel Joaquim Rodrigues, Manuel José da Silva Viana e Antônio Vieira de Andrade. O esforço fora recompensado. Frutificara a semente, e já outras igrejas iam nascendo.

— A Igreja Fluminense tem muitas filiais?

— Tem. Há outras igrejas organizadas por ela, e a essas seria mais apropriado chamar igrejas congregacionais. São essas a de Niterói, cujo pastor é o vereador Leônidas da Silva, e que possui um belo edifício na rua da Praia, tendo cerca de cem membros; a de Pernambuco, a de Passa-Três, a de São José de Bom Jardim e a que eu pastoreio no Encantado, organizada a dez de maio, com 56 membros.

Antônio Marques terminara a sua frase com tal carinho que o interrompi:

— Vejo que ama o seu rebanho!

— Não há melhor!... Gente simples, boa, capaz de ouvir a palavra do Senhor...

Fez uma pausa, sorriu.

— Devo-lhe dizer que essas igrejas têm também as suas missões. Só a de Passa-Três tem no Cipó, no Arrozal de São João Batista e em toda a zona mais próxima do Estado do Rio.

— A Igreja Fluminense é só de nacionais?

— É a única no Brasil que não tem proteção estrangeira, que vive dos seus próprios recursos apenas; é o completo atestado do nosso esforço moral. Já educou três jovens para o ministério, sustenta três missionários, acabou de construir um templo e, apesar de tudo, ainda o ano passado teve no seu *budget* um saldo de oito contos. Sendo nacional, recebe entretanto na sua comunhão pessoas de ambos os sexos crentes em Cristo.

— E tem uma escola?

— Tem duas: a dominical, de leitura bíblica, e uma outra diária para as crianças, dirigida pelo sr. Joaquim Alves e d. Carlota Pires. A característica da igreja é a evangelização da cidade, uma evangelização que vai de porta em porta, levando auxílios, carinhos, paz moral. Há a Sociedade de Evangelização, a União Bíblica Auxiliadora de Moços, a União das Senhoras, a União das Moças, das Crianças... Os templos congregacionais também têm idênticas sociedades.

No Encantado, além de duas outras, nós, que estamos em caminho de ter um templo, vamos organizar agora o Esforço Cristão Juvenil.

— Mas uma evangelização assim constante?

— Os rapazes distribuem folhetos, fazem a expedição pelo correio, vão de porta em porta com subscrições para mandar companheiros estudar na Europa. Eu lhe posso citar os nomes de João Meneses, Isaac Gonçalves, Luís Fernandes Braga, Antônio Maria de Oliveira... São tantos! E todos brasileiros.

Havia na voz do pastor um justo orgulho. Eu emudeci um instante, acompanhando-o. Nesta cidade de comércio, em que o dinheiro parece o único deus, homens moços e fortes pregam a bondade de porta em porta, como os pobrezinhos pedem pão! Ou eu delirava, ou aquele cavalheiro calmo, de redingote[139] de alpaca, dava-me o favo da ilusão, como outrora Platão entre árvores mais belas e discípulos mais argutos.

— A igreja tem hoje um patrimônio grande?

— Sempre aumentado, mas regulado ainda pelos estatutos de 1886, aprovados pelo governo imperial, quando ministro o barão Homem de Mello. O patrimônio criado com donativos e legados consiste em prédios e títulos da dívida pública. A administração é eleita anualmente dentre os membros da igreja, compõe-se de um presidente, dois secretários, um tesoureiro e um procurador, que têm a seu cargo representar a igreja em todos os seus negócios. Deus tem abençoado a nossa obra.

— As igrejas evangélicas abundam entre nós, pastor. Falam-me agora de uma seita, os miguelistas, que dizem

---

[139] Sobrecasaca.

ter Jesus Cristo voltado ao mundo, encarnado no dr. Miguel Vieira Ferreira...

— As verdadeiras igrejas evangélicas do Rio de Janeiro são a Fluminense, a Metodista, a Presbiteriana, a Batista e a Episcopal para os ingleses e alemães. Nós propriamente, filhos da Fluminense, somos congregacionistas. A religião é uma só, havendo apenas diferença no ritual e na forma do governo eclesiástico.

O nosso governo é congregacionista, composto de pastor, presbítero e diáconos. Atualmente na Igreja Fluminense o pastor é Gonçalves dos Santos; os presbíteros José Novais, José Fernandes Braga e Gonçalves Lopes; os diáconos Antônio de Assunção, Guilherme Tanner, José Valença e José Martins.

— Há uma tal subdivisão de ritos entre os evangelistas...

— Nós nos regulamos por 28 artigos de fé. Cremos na existência de um Deus, na trindade de pessoas, na divindade de Jesus Cristo, na sua encarnação, nascendo de Maria e sendo verdadeiro Deus e homem.

Estávamos à esquina da rua Floriano Peixoto. Verdadeiro homem! Ia perguntar, aprofundar a intenção da frase. O pastor, porém, continuava.

— A Bíblia foi escrita por inspiração divina.

— Não há dúvida.

— Só acreditamos em doutrina que por ela possa ser provada. É por isso que cremos na imortalidade da alma, na vida futura, na punição eterna dos que não pensam em Jesus, na ressurreição dos mortos, no julgamento do tribunal de Deus.

Antônio Marques parara defronte da igreja, um casarão que tem em letras grandes este apelo convidativo:
— Vinde e vede!
— Custou muito?
— Uns 70 contos.
— E o pastor ainda é o substituto de Kalley?
— Ainda. Conhece-o?
— É um ancião de maneiras secas.
— Oh! Tem-se esforçado tanto! Há 27 anos que trabalha sem cessar. Foi a Londres estudar o ministério, voltou e nunca mais nos deixou. É o mais antigo ministro evangélico, e hoje os seus 62 anos curvam-se a um trabalho insano. Entre; hoje é dia da comunhão.

Entrei. Uma sombra tranquila aquietava-se na sala. Os ruídos de fora, da alegria movimentada da rua, chegavam apagados. No coro, nem viva alma; pelos bancos, alguns perfis emergindo da sombra, muitos atentos e calmos; ao fundo, em derredor de uma mesa onde havia garrafas e pratos de prata, vários senhores. E naquela paz vozes cantavam:

Disposta a mesa, ó Salvador,
Vem presidir aqui,
Ministra o vinho, parte o pão
Tipos, Jesus, de ti!

Depois, no silêncio que se fizera, o pastor disse:
— Bendito Deus! — E a prece evoluiu-se direta, pedindo para que se retificasse o fato em memória da morte de Cristo. Era a consagração.

Gonçalves dos Santos tomou do pão e o partiu, os presbíteros foram pela sala com os pratos lavrados de prata, onde branquejavam os pedaços do bolo sem fermento.

— Tomai isso e comei!

Sentei-me humilde no último banco. Como nos Evangelhos, eu via os homens darem de comer o pão de Deus, e darem a beber o sangue de Jesus. Era tocante, naquele mistério, na paz da vasta sala quase deserta. E, com gula, a cada um eu seguia no gozo da suprema felicidade, parecia-me ver o seu olhar — o olhar, a janela da alma! — voltar-se para o céu na certeza tranquila de um repouso celeste.

Quando a cerimônia terminou, como um ruflo de asas brancas, de novo as vozes sussurraram.

Eu trouxe a salvação
Dos altos céus louvor,
É livre o meu perdão,
É grande o meu amor.

— Que faz tão triste aí? — disse-me o pastor Antônio. — Aos moços quer Deus alegres! E eu que lhe fora buscar uma Bíblia e *O Cristão*, o nosso jornalzinho! Venha falar ao pastor.

Ergui-me. Manuel Gonçalves dos Santos, com a sua barba alvadia[140] e o seu duro olhar, fitava-me.

---

[140]Esbranquiçada.

Voltei do sonho para lhe reflorir uma lisonja. Eu já o sabia um probo, praticando o ministério sem remuneração de espécie alguma. Santos conservaram-se de gelo. Falei da coesão das igrejas, da propaganda, do evidente progresso do evangelismo no Brasil, com a sua simples essência de fé, gabei o hospital que estão a concluir.

O pastor então discorreu. A única religião compatível com a nossa República é exatamente o evangelismo cristão. Submete-se às leis, prega o casamento civil, obedece ao Código e é, pela sua pureza, um esteio moral. A propaganda torna cada vez mais claras essas ideias, no espírito público aos poucos se cristaliza a nítida compreensão do dever religioso. Os evangelistas serão muito brevemente uma força nacional, com chefes intelectuais, dispondo de uma grande massa. E, de repente, com convicção, o velho reverendo concluiu:

— Havemos de ter muito brevemente na representação nacional um deputado evangelista.

Apertei a mão do mais antigo ministro evangélico do Brasil. Diante dos esforços que me contara Antônio Marques, a minha alma se extasiara; durante a comunhão, vendo o grave grupo beber o sangue de Jesus, eu sentira o bálsamo do sonho. Mas, enquanto meus olhos olhavam com inveja o outro lado da vida, a margem diamantina da Crença, o pastor sonhava com o domínio temporal e a Câmara dos Deputados.

Eterna contradição humana, que não se explicará nunca, nem mesmo com o auxílio daquele que no Apocalipse sonda o coração e os rins e anda entre sete candeeiros de ouro!

Eterna contradição, que cativa a alma de uns e faz as religiões triunfarem através dos séculos!

A Igreja Presbiteriana

A sede da Igreja Presbiteriana fica na rua Silva Jardim, nº 15. É um dos mais lindos templos evangélicos do Rio. A sala pode conter 800 pessoas. Tudo reluz, as paredes banhadas de sol, as portas envernizadas, as fechaduras niqueladas, o púlpito severo. Pelas aleias do jardim, brunidas, anda-se sob o desfolhar das rosas, e da montanha a pique que lhe fica aos fundos desce um intenso perfume de mata. A primeira vez que eu lá estive, a sala estava apinhada, não havia um lugar; e, por trás de sobrecasacas severas, de fatos sombrios, na luz crua dos focos, eu via apenas o gesto de um homem de larga fronte, descrevendo a delícia da moral impecável. Perguntei a um cavalheiro que o ouvia embevecido, quase nas escadas.
— Quem é?
O cavalheiro passou o lenço pela testa alagada.
— Admira não o conhecer: é o dr. Álvaro Reis.
Álvaro Reis é o pastor atual da Igreja Presbiteriana do Rio, essa igreja produto de uma propaganda tenaz e de um longo esforço de quase meio século. Não há, decerto, na história dos nossos cultos exemplo tão frisante de quanto vale o querer como essa vasta igreja. Fundada em 1861, pelos reverendos Green Simonton, Alexandre Blackfort e Francisco Schneider, três missionários mandados pelo

board da Igreja Presbiteriana dos Estados Unidos para a evangelização do Brasil, 40 e tantos anos depois tornou-se realidade; e a semente guardada no celeiro do Senhor, sob o seu divino olhar, brotou e floriu em árvore estrondosa. Quanto custou isso! Simonton ensinava grátis o inglês para, aprendendo o português, inocular nos discípulos os sãos princípios da Bíblia; cada sermão era um acontecimento, marcava-se com carinho o dia em que professava um novo simpático. Os puritanos pregavam em salas estreitas e sem conforto. Algumas vezes, um padre católico surgia intolerante, protestava; os pastores interrompiam-se e as duas igrejas combatiam, a ver quem pela palavra melhor parecia estar com Deus.

Como a seita positivista, a propaganda começou numa sala da rua Nova do Ouvidor, com 16 ouvintes. Passou depois à rua do Cano, desceu à rua do Regente, à praça da Aclamação, à rua de Santana, comprou com sacrifícios e recursos americanos o barracão da fábrica de velas de cera da Travessa da Barreira, e aí orou, pediu a Deus e continuou a propagar. Os meios eram os usuais de toda a fé que quer predominar. Os evangélicos faziam versos, faziam o bem e eram tenazes. Foi uma evolução segura e lenta.

A igreja teve mártires. O sábio padre romano Manuel da Conceição abjurou e ordenou-se presbítero.

Era uma alma antiga. Ordenou-se e logo começou a evangelizar a pé pelas estradas. Não levava uma moeda na bolsa, e de porta em porta, com a Bíblia na mão, revelava aos homens a verdade. Atravessou Minas assim, tropeçando pelos caminhos ardentes, quase sem comer, e, onde parava, o seu lábio abria falando do prazer de ser puro. Em Campanha correram-no à pedra. Conceição, com a Bíblia de encontro ao peito, tropeçando, fugia sob a saraivada, e a turba só o deixou fora da cidade quando o viu em sangue cambalear e cair. Ao chegar a Sorocaba, o mártir andava andrajoso, quase a morrer, e, morto, os seus ossos foram exumados, por ordem do bispo d. Lacerda, para serem atirados fora do cemitério, ao vento...

Os pastores trabalhavam tanto que Simonton morrera, aos 34, de cansaço! Eram os primeiros tempos! A adesão religiosa vem da tenacidade. A tenacidade dessas criaturas de aço atraiu os fiéis, desde os analfabetos aos homens ilustres; a igreja recebeu no seu seio médicos, engenheiros, literatos, arquitetos, professoras públicas, homens rudes, lentes de escolas superiores e cada um que daqui saía, levava para as igrejas dos estados com a carta demissória um elemento de propaganda. Por último, os pastores foram brasileiros, a derradeira etapa estava ganha, a igreja, ponto inicial da evangelização brasileira, foi construída luxuosamente, e o vereador Trajano, com verdade e poesia, o afirmou: depois de peregrinar por seis tetos estrangeiros, só no sétimo a nossa igreja descansou.

Foi nesse descanso que eu, dias depois, voltei a conversar com o dr. Álvaro Reis. A casa do pastor era ao lado esquerdo do templo, oculta nos roseirais. O protestantismo trouxe para os nossos costumes latino-americanos não sei se a pureza da alma, de que o mundo sempre desconfia, mas o asseio inglês, o regime inglês, a satisfação de bem cumprir os deveres religiosos e de viver com conforto.

Logo que vieram abrir a porta, eu tive essa impressão.

— O pastor?

O pastor não estava, mas isso não impedia que um homem de Deus entrasse a refrescar das agruras do sol. O dr. Álvaro Reis é paulista: na sua residência encontrei alguns amigos seus, paulistas, que me receberam entre as cortinas e os tapetes, com uma franqueza encantadora. Quando me sentei na doce paz de uma poltrona, como um velho camarada irmão em Cristo, estava convencido de que ia beber café e conversar largamente. Não há como os evangelistas e os evangelistas brasileiros, para gentilezas. À bondade ordenada pela escritura reúnem essa especial e íntima carícia do brasileiro, que, quando quer ser bom, é sempre mais que bom.

— A Igreja Presbiteriana — disse-me o substituto do dr. Álvaro Reis — realiza, como sabe, o trabalho e propaganda nesta cidade, há 42 anos. Atualmente, além do templo, tem congregações prósperas na rua da Passagem, na rua do Riachuelo e na ponta do Caju, onde existem salas de culto muito frequentadas. Foi com elementos nossos que se organizou a igreja de Niterói.

— E nos estados?

— A Igreja Presbiteriana do Rio ramificou-se por todos os estados do Brasil. Há presbiterianos no Rio Grande do Sul, no Pará, em Minas, em Goiás, no Piauí e até nos confins de Mato Grosso. A propaganda ficou ao cuidado da Igreja Evangélica Episcopal. O número de congregações e de templos que se organizaram depois do nosso, sobe a 300.

— E há vários colégios?

— Vários? Há muitos. A Igreja Presbiteriana conseguiu estabelecer no Brasil os seguintes colégios: o Mackenzie e a Escola Americana, em São Paulo, o Colégio de Lavras, em Minas; o de Curitiba, no Paraná; o da Bahia, de Feira de Santana e o de Cachoeira, na Bahia; o das Laranjeiras, em Sergipe; o de Natal, no Rio Grande do Norte; e ainda várias escolas gratuitas.

— É natural que uma tão copiosa propaganda tenha uma forma de governo? — fiz vagamente.

— Tem. A igreja é governada por uma seção da igreja, presidida pelo pastor e composta de seis oficiais, que têm o título de presbíteros. A sessão da igreja apresenta anualmente atas e relatórios ao Presbitério do Rio, concílio superior composto de todos os ministros presbiterianos que trabalham no Rio, no sul de Minas e no Espírito Santo.

No Presbitério, cada sessão se faz representar pelo pastor e um presbítero. Além do Presbitério do Rio, há o de São Paulo, o de Minas, o do oeste de São Paulo, o de Pernambuco e o do sul do Brasil. Esses seis presbitérios, reunidos de três em três anos em uma só assembleia, formam o supremo concílio da igreja, com o nome de Sínodo Presbiteriano Brasileiro. É aí que se discutem os interesses gerais da causa.

— A defesa tem jornais?

— Alguns. Venha ver.

Entramos na biblioteca de Álvaro Reis, uma sala confortável, forrada de altas estantes de canela. Por toda a parte, em ordem, livros, papéis, brochuras, cartas, fotografias.

— Veja. Aqui no Rio temos *O Presbiteriano* e *O Puritano*. Há em São Paulo a *Revista das missões nacionais*; em Aracati, *O Evangelista*; *O Despertador*, em Rio Claro; *A Vida*, em Florianópolis e *O Século*, em Natal.

— E com tantos jornais os senhores não vivem em guerra constante?

— Contra quem?

— Contra as outras igrejas, os batistas, os metodistas... Um jornal só basta para fazer a discórdia; dez jornais fazem o conflito universal!

— Não — fez o meu interlocutor a sorrir — não. Reina completa harmonia. A Igreja Fluminense já existia quando começamos a nossa campanha. As relações conservam-se cordiais. O pastor Santos ministra aqui a palavra de Deus sempre que é convidado. Enquanto o templo esteve em construção, a Igreja Fluminense permitiu-nos o uso da sua vasta sala para o nosso serviço religioso. Com os metodistas e batistas a mesma cordialidade existe. Os pastores de lá falam no nosso púlpito, como nós falamos nos seus.

Depois, com tristeza:

— Talvez entre os da casa não existisse essa harmonia há bem pouco tempo... É bem simples. Na última reunião do Sínodo Presbiteriano houve uma cisão que se refletiu francamente na igreja do Rio. Um membro do concílio imaginou que a maçonaria fazia pressão nas deliberações do sínodo, propondo logo que a igreja banisse do seu seio a "heresia maçônica". Não era verdade a pressão. O concílio discutiu largamente e aprovou a seguinte resolução: "O

Sínodo julga inconveniente legislar sobre o assunto!" A tolerante aprovação deu em resultado afastarem-se sete ministros, que formaram uma igreja independente e antimaçônica. À nova igreja ligaram-se ex-membros da nossa.

Ele falava simplesmente. Em torno, faces tranquilas aprovavam e naquela atmosfera agradável eu não pude deixar de dizer:

— Como o grande público os ignora, como a população, a verdadeira, a massa, os confunde numa complicada reunião de cultos!

Todos sorriam perdoando.

— Sabemos disso. É natural! Oh! Os protestantes! Passam pela porta, pensam coisas incríveis... Mas alguns entram e encontram a tranquilidade. Qual é, afinal, secamente, em poucas palavras, o modo por que a Igreja Presbiteriana difere da Igreja Romana? Não considera o papa como chefe, nem tolera a sua infalibilidade; não crê na intercessão dos santos, que estão na glória e nenhum poder têm neste mundo; não aceita o celibato clerical, considerando uma inovação funesta...

— Oh! Funestíssima!

— De Gregório VII, no século XI; não admite o culto das imagens, uma infração ao segundo mandamento do Decálogo; crê que Jesus Cristo ressuscitou e está vivo e reina como único chefe da sua igreja; crê no único fundamento, na única regra da religião cristã, a palavra de Deus, a Bíblia; e prega que Deus, onipotente, onisciente e onipresente, é o único apto a ouvir as orações dos homens. Só aceita dois sacramentos, o batismo e a comunhão, os únicos instituídos por Jesus Cristo; só reconhece o casamento civil, sobre o qual impetra a bênção de Deus; não admite o purgatório...

— O absurdo purgatório!
— Diante das sagradas escrituras.
— Ah!
— Proíbe as missas em sufrágio das almas, porque Jesus nunca rezou missas, e crê que o homem é salvo de graça pela fé viva, como crê na Ressurreição, na vida eterna e no Juízo Final. Todo o seu culto se resume na leitura das escrituras, em sermões explicativos, em orações a Deus, e no terceiro domingo de cada mês na celebração da Eucaristia...

— Há sociedades na igreja?
— Há o Esforço Cristão e uma de acordo com todas as igrejas, o Hospital Evangélico.

Nessa mesma noite eu ouvi, no templo cheio, Álvaro Reis. A sua larga fronte parecia inspirada e ele, desfazendo sutilmente as frases diamantinas da Bíblia, num polvilho de bem, falava da caridade, da caridade que sustenta todos os que creem em Jesus — da caridade suavemente doce que protege e esquece.

A Igreja Metodista

— Amados irmãos, estamos reunidos aqui à vista de Deus, e na presença destas testemunhas, para unir este homem e esta mulher em santo matrimônio, que é um estado honroso, instituído por Deus no tempo da inocência do homem, significando-nos a união mística entre Cristo e a sua igreja. Esse estado santo, Cristo adornou-o com a beleza da sua presença, fazendo o primeiro milagre em Cananeia da Galileia; São Paulo o recomenda como um estado honroso entre os homens; e por isso não deve ser empreendido ou contraído sem reflexão, mas, sim, reverente, discreta, refletidamente e no temor de Deus.

No ar pairava um suave perfume, senhoras de rara elegância tinham fisionomias imóveis, cavalheiros graves pareciam ouvir com atenção a palavra do pastor e tudo cintilava ao brilho dos focos luminosos. Era um casamento na Igreja Metodista, na praça José de Alencar. Ao fundo, via-se, à mão direita do pastor, o noivo, à esquerda, a noiva, e por trás dos vitrais, lá fora, naquele recanto onde corre devagar um rio, a turba dos curiosos que não entra nunca.

— Estas duas pessoas apresentam-se — continuava o ministro evangélico — para serem unidas nesse estado santo. Se alguém sabe coisa que possa ser provada como causa justa, pela qual estas pessoas não devam legalmente ser unidas, queira dizer agora, ou do contrário, nunca mais fale sobre isso.

Houve um sussurro como se entrasse pela porta ogival uma lufada de ar. O pastor voltou-se para as pessoas que casavam.

— Exijo e ordeno de vós ambos (como respondereis no terrível dia do Juízo, quando os segredos de todos os corações forem desvendados) que se algum de vós souber de impedimento pelo qual não podeis legalmente ser unidos pelos laços do matrimônio, queira dizer agora, pois, ficai bem certo disto, que aqueles que se unem de um modo diferente daquele que é autorizado pela palavra de Deus não são unidos por Deus, nem o seu matrimônio é legal.

Nem o noivo nem a noiva responderam. Ela parecia tranquila, ele sorria um sorriso mais ou menos irônico entre as cerdas do bigode. O ministro então disse ao noivo:

— Queres casar com esta mulher para viverdes juntos, segundo a ordenação de Deus, no estado santo do matrimônio? Amá-la-ás, confortá-la-ás, honrá-la-ás e guardá-la-ás na doença e na saúde; e deixando tudo o mais, guardar-te-ás para ela somente, enquanto ambos viverem?

— Sim! — fez o noivo.

— Queres casar com este homem para viver, segundo a ordenação de Deus, no estado santo do matrimônio? Obedecê-lo-ás, servi-lo-ás, honrá-lo-ás e guardá-lo-ás na doença e na saúde, e deixando todos os outros, guardar-te-ás somente para ele, enquanto ambos viverdes?

— Quero — disse a linda senhora.

Houve a cerimônia do anel, enquanto os assistentes abanavam-se. O ministro tomou-o, deu-o ao noivo, que enfiou no quarto dedo da mão esquerda da noiva, repetindo as palavras do pastor:

— Com este anel eu me caso contigo e doto-te de todos os meus bens terrestres: em nome do Pai, do Filho e do Espírito Santo, amém!

— Oremos! Pai nosso que estás no céu...

Era um Padre-nosso... Depois, juntando as mãos do noivo, o ministro disse:

— O que Deus juntou não o separe o homem. Visto como têm consentido unir-se, e têm assim testemunhado diante de Deus e das pessoas aqui presentes, e, portanto, têm prometido fidelidade um ao outro e assim declarado, juntando as mãos, eu os declaro casados em nome do Pai, do Filho e do Espírito Santo. Deus o pai, Deus o filho, Deus o espírito, abençoe, preserve e guarde-vos; o Senhor misericordiosamente com o seu favor olhe por vós; e assim vos encha de todas as bênçãos e graças espirituais, para que no mundo por vir tenhais vida eterna. Amém!

Estava terminada a cerimônia. Houve um movimento, como nos templos católicos, para felicitar o feliz par, capaz de jurar em tão pouco tempo tantos juramentos de eternidade. As senhoras afiavam um sorrisinho e os homens iam em fila tocantemente indiferentes.

E da *féerie*[141] do templo, por cima d'água, do mais lindo templo evangelista, onde as luzes ardiam por trás dos vitrais numa confusa irradiação de cores, começaram a sair os convidados. Carros estacionavam na escuridão da praça com os faróis acesos carbunculando...[142] Eu assistira a um casamento sensacional.

No dia seguinte fui à residência do pastor Camargo.

No ano de 1739 falaram com John Wesley, em Londres, oito pessoas que estavam convencidas do pecado e ansiosas

---

[141]Feérico; mágico; que causa deslumbramento; do francês *fée* (fada).
[142]Relativo ao carbúnculo (rubi); por extensão, à cor vermelha.

pela redenção. Essas criaturas tementes da ira futura desejavam que com elas John gastasse algum tempo em oração. Wesley marcou um dia por semana e daí surgiu a sociedade unida. Aos que desejam entrar para a sociedade só se exige uma condição: o desejo de fugirem da ira vindoura e de serem salvos de seus pecados.

Muita gente há no Brasil receosa da dita ira. A Igreja Metodista, que é um desdobramento da Episcopal, começou os seus trabalhos há 27 anos, no Catete, na casa onde hoje está instalada a pensão Almeida. Tinha apenas sete membros e os missionários mandados pelo *board* americano, os reverendos Ransom, Cowber, Tarbou Kennedy, sabiam que desses sete, já quatro eram metodistas nos Estados Unidos. Hoje a igreja conta cinco mil membros, todos os anos o número aumenta, as igrejas surgem, fundam-se colégios, e as missões levam aos recessos do país, perseguidas, corridas à pedra, a palavra de Cristo. Só o templo da praça José de Alencar custou 107 contos; há missões e igrejas em Petrópolis, na Paraíba, em São Paulo, em Itapecerica, São Roque, Piracicaba, Capivari, Taubaté, Cunha, Amparo; todo o estado de Minas e o Rio Grande estão cheios de metodistas, e os missionários chegam até Cruz Alta e Forqueta, no desejo tenaz de prolongar a fé.

Os metodistas têm um grande dispêndio anual. No Rio contribuem para as despesas do pastor em cargo, presbítero presidente, bispos, missões domésticas, missões estrangeiras, educação de pensionários, Sociedade Bíblica Americana, pobres, atas, construções, casa publicadora, ligas Epworth, escolas dominicais, sociedade auxiliadora de senhoras, de modo que, sendo a média de cada contribuinte de 29 mil-réis, a despesa geral eleva-se anualmente à quantia superior a 20 contos. Há 56 sociedades e 16 casas de culto, cujo valor é de 319 contos, oito residências e nove colégios, e o valor desses é de 460 contos.

Quando cheguei à residência de Jovelino Camargo, ordenado presbítero há dois anos, estava edificado da situação financeira da igreja, dessa excelente situação. Camargo é paulista, simples e amável. Recebeu-me no seu gabinete de trabalho, donde se descortina todo um trecho belo da praia de Botafogo.

— Há quanto tempo está aqui?

— Há dois anos; os pregadores metodistas não levam mais de quatro anos em cada igreja.

— Quem são os pregadores atualmente no Rio?

— Reverendo Parker, da Igreja Evangélica; Guilherme da Costa, que prega em Vila Isabel e no Jardim Botânico, e eu.

— Os metodistas têm uma grande quantidade de ministros e de oficiais de igreja, bispos, presbíteros, pregadores em cargo e em circuito, diáconos itinerantes, presbíteros itinerantes, pregadores supranumerários, locais, exortadores, ecônomos, depositários....

— Para cada distrito; na cidade propriamente há apenas os pregadores locais e os ecônomos que tratam das questões financeiras, uma junta de sete membros que atualmente é composta dos srs. Joaquim Dias, João Medeiros, Manuel Esteves de Almeida, José Pinto de Castro, Antônio Joaquim e Elesbão Sampaio.

— Há vários jornais metodistas?

— A *Revista da Escola Dominical*, em São Paulo; *O Expositor Cristão*, órgão da conferência anual brasileira, dirigido pelos srs. Kennedy e Guilherme da Costa; *O Juvenil*, *O Testemunho*. Como outras igrejas evangélicas, a Metodista tem sociedades internas que a propagam: a Sociedade Missionária das Senhoras no Estrangeiro, a Sociedade de Missões Domésticas das Senhoras...

— A liga Epworth...

— A liga Epworth é um meio de graça, como o culto, a oração, as escolas dominicais, as festas do amor. Temos 34 ligas Epworth. As ligas organizam-se em nossas congregações para a promoção da piedade e da lealdade à nossa igreja entre a mocidade, para a sua instrução na Bíblia, na literatura cristã, no trabalho missionário da igreja. A junta compõe-se de um bispo, seis pregadores itinerantes e seis leigos, sendo todos eleitos de quatro em quatro anos pela conferência geral, sob a nomeação da comissão permanente das ligas Epworth. As ligas locais estão sob a direção do pastor e da conferência trimestral.

— Mas o meio da propaganda?

— É quase todo literário; a liga é propriamente a difusão da literatura evangélica.

— O mais admirável entre os metodistas é o maquinismo, o funcionamento da sua igreja.

— Que é governada por conferências, pode-se dizer. Há conferências da igreja, mensais, trimestrais, distritais, anuais e gerais de quatro em quatro anos.

Nessa ocasião, Jovelino Camargo ofereceu-me café, e sorvendo o néctar precioso, eu indaguei:

— Muitos casamentos na capela do Catete?

— Alguns. Para esses atos os pastores procuram sempre os templos mais belos.

— Há muita gente que acredita o vosso casamento uma válvula que a nossa lei não permite.

— Mas é absolutamente falso, é uma calúnia formidável. Os evangelistas respeitam antes de tudo a lei do país em que estão. A totalidade dos nossos pastores não casa sem ver a certidão do ato civil. Ah, meu caro, a calúnia tem corrido, os pedidos são frequentes aos ministros evangélicos para a realização do casamento de pessoas divorciadas, mas nós nos furtamos sempre; e ainda este mês C. Tacker, Álvaro dos Reis, Antônio Marques e Franklin do Nascimento fizeram público pelos jornais que não podiam lançar a bênção religiosa sobre nenhum casal que não tenha antes contraído matrimônio.

Os meus companheiros Kennedy e Guilherme da Costa comentaram esse manifesto que o momento exigia. Nós temos uma lei que nos inibe esse crime. Quer ver?

Ergueu-se, foi à estante, abriu um pequeno livro de capa preta.

— Esta é a nossa disciplina, leia.

Ambos curvamos a cabeça, procurando os caracteres à luz fugaz do anoitecer e ambos na mesma página lemos: "Os ministros de nossa igreja serão proibidos de celebrarem os ritos do matrimônio entre pessoas divorciadas, salvo o caso de pessoas inocentes, que têm sido divorciadas pela única causa de que fala a Escritura..."

Houve um longo silêncio. As sombras da noite entravam pela janela.

— A causa única de que fala a Bíblia...

— É preciso, afinal, compreender que nem todas as igrejas denominadas cristãs e protestantes pertencem à Aliança Evangélica Brasileira e que nós não podemos em nome de Cristo pregar, por assim dizer, a dissolução moral.

Ergui-me.

— Apesar das injustiças dos homens, a Igreja Metodista caminha.

— E os casamentos honestos são em grande número.

Jovelino Camargo desceu comigo à praia de Botafogo. Vinha, como sempre, calmo, inteligente e simples.

— Onde vai?

— A uma festa de amor.

Estaquei. Mas, Senhor Deus, os metodistas davam-me uma excessiva cota de amor. No dia anterior um casamento, minutos antes o casamento de novo, e agora ali, na sombra da noite, o pastor que me dizia, como um velho *noceur*,[143] o lugar perigoso para onde ia!

— A uma festa de amor? — interroguei, feroz.

— Sim, é uma festa nossa, trimensal — fez a sorrir o puro moço. — Vou fazer oração e participar do pão e da água em sinal de amor fraternal.

---

[143] Libertino.

E simplesmente Jovelino Camargo desapareceu na sombra, enquanto eu, olhando o céu, onde as estrelas palpitavam, rendia graças a Deus por haver ainda neste tormentoso mundo quem, por seu amor, ame, respeite e seja honesto.

Os batistas

E disse o eunuco: "Eis aqui está a água. Que embaraço há para que eu não seja batizado? E disse Felipe: Se crês de todo o coração, bem podes... E desceram os dois, Felipe e o eunuco, à água, e o batizou..."
 Estava na rua de Santana, no templo batista, severo e rígido nas suas linhas góticas. Era de noite. À porta um certo movimento, caras curiosas, gente a sair, gente a entrar, e um velho blandicioso[144] distribuindo folhetos.
— Os batistas?
— Exatamente.
 Pego de um folheto, enquanto lá de dentro parte um coro louvando a glória de Deus. Trata do purgatório perante as Escrituras Sagradas e está na segunda edição. Leio na primeira página: "Entre as diferentes religiões existentes distinguem-se a religião de Jesus, que nos oferece o céu, e a religião do Papa, que aponta o purgatório. O papa prega o purgatório porque ama o nosso dinheiro..."
Com um pouco mais teríamos *A velhice do Padre Eterno!*[145]

---
[144]Terno; carinhoso.
[145]Obra anticlerical do poeta português Guerra Junqueiro, publicada em 1885.

A Igreja Batista é, entretanto, um dos ramos em que se divide o que o vulgo geralmente chama de protestantismo, é uma das muitas divergentes interpretações do Evangelho.

Há seis séculos chamava-se anabatista.[146]

Seita antiquíssima, com grandes soluções de continuidade, desaparecendo muita vez na história sob o martírio das perseguições, sem deixar documentos, mas nunca de todo se perdeu.

Hoje, como as outras seitas que asseguram ser as únicas e verdadeiras intérpretes da Bíblia, o seu foco principal são os Estados Unidos, mas o mundo está cheio de anabatistas e um magnífico serviço de propaganda na China, no Japão, na África, na Itália, no México e no Brasil aumenta diariamente o número de adeptos.

O movimento das missões é tão intenso que até tem um jornal informativo: *The Yorking Mission Journal*.

Isso não impede que controvérsia os selecione e que a crítica os divida. Nos Estados Unidos a igreja está dividida em batistas cristãos, novos batistas, batistas rigorosos, batistas separados, batistas liberais, batistas livres, anabatistas batistas, crianças batistas gerais, batistas particulares, batistas escoceses, batistas nova comunhão geral, batistas negros, batistas do braço de ferro, batistas do sétimo dia e batistas pacíficos.

---

[146]Surgidos no século XVI, os anabatistas eram contra o batismo das crianças, por acreditarem que este deve ser um ato voluntário e consciente do crente.

Aos batistas daqui, pacíficos, cristãos e misturados, bem se pode chamar do braço de ferro, desde que braço signifique a decisão e a força com que arredam as nuvens da Luz. A história da igreja do Rio começa em 1884, com a chegada do sr. e da sra. Bagby.

O sr. Bagby foi o patriarca. Quatro dias depois de chegar, organizou a igreja na própria casa, com quatro ovelhas, isto é, com quatro cidadãos. Um ano depois mudava-se para a rua do Senado já com outros recursos, passava a rogar na rua Frei Caneca, na rua Barão de Capanema, quase sem abandonar o rebanho, durante anos a fio, e, passado o 110, instalava-se num templo próprio, edifício que custou 51 contos.

Era nesse templo que eu estava, defronte da Igreja da Senhora Santana, lendo trechos do tal *Purgatório*, em que uma igreja solapa a outra por amor do mesmo Cristo misericordioso. O velho blandicioso, porém, apertando um maço de *Purgatórios* debaixo do braço, empurrava-me com um ar de cambista depois do segundo ato.

— Entre, entre, o senhor vai perder!

Foi então que eu entrei. Todos os bicos de gás silvavam, enchendo de luz amarela as paredes nuas. No fundo, em letras largas, que pareciam alongar-se na cal da parede, esta inscrição solene negrejava: "Deus amou o mundo de tal maneira que deu a seu filho unigênito para que todo aquele que nele crer não pereça, mas tenha vida eterna." Na cátedra, ninguém. Do lado esquerdo, o órgão e diante dele uma senhora com a fisionomia paciente, e um cavalheiro irrepreensível, sem uma ruga no fato, sem um cabelo fora da pasta severa. Pelos bancos uma sociedade complexa, uma parcela de multidão, isto é, o resumo de todas as classes. Há senhoras que parecem da vizinhança, em cabelo e de *matinée*; crianças trêfegas; burgueses convictos, sérios e limpos; nas primeiras filas, operários, malandrins de tamancos de bico revirado, com o cabelo empastado de cheiros suspeitos, soldados de polícia, um bombeiro de cavanhaque, velhas pretas a dormir, negros atentos, uma dama de chapéu com uma capa crispante de lantejoulas, cabeças sem expressão, e para o fim, na porta, gente que subitamente entra, olha e sai sem compreender. O templo está cheio.

O pastor parece concentrado, olhando o rebanho de ovelhas, a maior parte ignorante do aprisco. Nessa noite não se perde em erudições teológicas; nessa noite chama com o órgão do Senhor os carneiros sem fé. E é uma coisa que se nota logo. A propaganda, a atração da igreja é a música. Ganham-se mais fiéis entoando um hino que fazendo um sábio discurso cheio de virtudes. O sr. Soren, o pastor calmo, irrepreensível, parece compreender os que o frequentam, sem esquecer sua missão evangélica. É positivamente o professor. Sem o perfume dos hinários e sem aquelas letras negras na parede, a gente está como se estivesse numa aula de canto do Instituto de Música, ouvindo o ensaio de um coro para qualquer creche mundana.

— Vamos mais uma vez — diz ele com um leve assento inglês. — Este hino é muito bonito! Cantado por 200 vozes faz um efeito! Sabem a letra? Vamos... — A dama, com um ar de bondade indiferente, corre ao teclado, acordando no órgão graves e profundos sons que se perdem no ar vagarosamente. Depois, receosa, acompanhando cada acorde, a sua voz, seguida da do pastor, começa:

Oh! Se-e-e-nhor!

Muitos leem os versos, acompanhando a voz do pastor, outros, nervosos, precipitam o andamento. Mas naquele ensaio, logo me prende a atenção um preto de casaco de brim sem colarinho. O órgão domina-o como um som de violino domina os crocodilos. Nos seus dentes brancos, nos olhos brancos, de um branco albuminoso, correm risos de prazer. Sentado na ponta do banco, os longos braços escorrendo entre os joelhos, a cabeça marcando o compasso, ele segue, com as mandíbulas abertas, os sons e as vozes que os acompanham. Depois, como o sr. Soren diz:

— Vamos repetir. Já se adiantaram. Um, dois, três!

Oh! Se-e-e-nhor!

O negro também, abrindo a face num repuxamento da face inteira, cantou:

Oh! Se-e-e-nhor!

E todo o seu ser irradiou no contentamento de ter decorado o verso bonito.

Eu curvei-me para o velho, que passava com outro maço de *Purgatórios* debaixo do braço:

— Vem sempre aqui, aquele?

— Vem, sim, é fiel. Eu é que não sou...

E, confidencialmente, desapareceu.

Entretanto o hino acabara bem. Quase que houve palmas. Estavam contentes.

O sr. Soren consultou o relógio e aproveitou a boa vontade dos irmãos.

— Vamos, mais um hino. É lindo! Estudemos só a primeira parte. De Deus até Salvador.

A organista tocou primeiro a música para que os batistas aprendessem o tom, e todos começaram o novo hino, as crianças, as senhoras, os homens graves, enquanto o negro abria as mandíbulas e uma velha fechava os olhos enlevados e sonolentos. Quando as vozes pararam num último acorde, o sr. Soren disse algumas palavras sobre a glória do Senhor e estendeu as mãos.

Amém! Estava acabado o estudo. Alguns crentes demoraram-se ainda, o negro saiu dando grandes pernadas, outros estremunhavam. Mandei então o meu cartão ao sr. Soren, que se apoiava ao órgão rodeado de damas veneráveis.

Esse homem é amabilíssimo. Nascido no Rio, de uma família francesa que fugia às perseguições religiosas na França, estudou nos Estados Unidos e é bacharel. No seu gabinete, ao fundo, limpo e brunido, onde se move com pausa, tudo respira asseio e austeridade. Soren mostra a biblioteca, encadernações americanas de percaline[147]

---

[147]Tecido de algodão forte e lustroso, muito utilizado em encadernações.

e couro, bate nos livros recordando as dificuldades do estudo, a aridez, o que certos autores custavam.

— Para tudo isso há a compensação da verdade que conforta, diz.

A verdade deve confortar como um bife. Guardo, porém, essa comparação.

Os batistas, firmados na Bíblia, assim como praticam o batismo por imersão, não comem carne com sangue. Limito-me a dizer.

— A sua crença?

— Mas nós cremos que a Bíblia foi escrita por homens, divinamente inspirados, que têm Deus como autor e a salvação como fim; cremos que a salvação dos pecados é totalmente de graça pelos ofícios medianeiros do filho de Deus; cremos que a grande bênção do Evangelho que Cristo assegurou é a justificação; e cremos na perseverança, no Evangelho, no propósito de graça, na satisfação que começa na regeneração e é sustentada no coração dos crentes.

O sr. Soren para um instante.

— Cremos também, continuou, que o governo civil é de autoridade divina, para o interesse e boa ordem da sociedade e que devemos orar pelos magistrados...

— E creem no fim do mundo?

— ...Que se aproxima.

Enquanto, porém, o fim não aparece, a propaganda batista é feita com calor no Brasil: em São Paulo, na Bahia, em Pernambuco, no Pará, no Amazonas. No Rio existem os srs. Entznimger e esposa, Deter e esposa e o sr. Soren, criaturas de pureza exemplar. Na cidade há quatro congregações. Os pastores, dos quais foi sempre o principal o sr. Bagby, que se retirou em 1900, têm pregado na rua D. Feliciana, no Estácio de Sá, em Madureira, no morro do Livramento, em São Cristóvão, na ladeira do Barroso, na Paula Matos, em Santa Teresa, na Piedade, no Engenho de Dentro, na rua Barão de São Félix.

O Evangelho caminha.

— E são grandes os progressos?

— Ricamente abençoado o trabalho. Pelos dados que tenho, realizaram-se, em 1903, cerca de mil batismos, foram organizadas dez igrejas novas, edificaram-se três templos novos e a contribuição das igrejas foi de 50 contos de réis. Há dois anos que estamos no Brasil. Os batistas aumentaram de 500 a cinco mil, de cinco igrejas a 60. A nossa casa publicadora já editou, além do *Jornal Batista* e do *Infantil*, mais de um milhão de páginas em folhetos.

— Qual a publicação que tem agradado mais?

— O *Cantor Cristão*!

A música, o som que convence, a crença em harmonia!

Os gregos admiráveis já tinham no seu divino saber descoberto a propriedade sutil, e na Lacedemônia[148] os rapazes recebiam o amor da pátria ao som das flautas, em odes puras! Já nos íamos despedir. O pastor deu-nos o seu jornal, com um artigo de d. Arquimina Barreto, uma erudita senhora.

---

[148]Região da Grécia onde se localizava a cidade-estado de Esparta.

— Somos todos iguais perante Deus. No templo pode falar o mais ignorante como o mais sábio. Deus deseja a virtude antes de tudo. D. Arquimina alia as virtudes a um grande saber.

— E, a propósito, aquela senhora organista é sua esposa?

— Não, eu ainda vou me casar nos Estados Unidos.

E eu saí encantado com a clara inteligência desse pastor, que espera calmo e virtuoso o fim do mundo, enquanto à porta, o velho blandicioso distribui *Purgatórios* contra os padres e as moças.

A ACM

— Olhe as terras onde se propaga o Evangelho.

Desde um ao outro polo,
Da China ao Panamá,
Do africano solo
Ao alto Canadá

A ACM suaviza, prestigia e guia.

Nós acabávamos de jantar e o meu ilustre amigo, com um copo d'água pura na mão, dizia-me coisas excelentes.

— O nosso movimento, continuou, conta entre os seus amigos Eduardo, da Inglaterra, o príncipe Bernadotte, da Suécia, o presidente dos Estados Unidos e Guilherme II.[149] Na França, ministros de estado aceitam cargos de administração da ACM; na Inglaterra os seus edifícios erguem-se em todas as cidades como os grandes lares da juventude honesta, e por toda a parte ela reforma os costumes e purifica a alma dos moços, tornando-os simétricos e

---
[149]Imperador da Alemanha.

bons. Você não terá uma ideia integral do movimento das cinco igrejas evangélicas do Rio sem ir apreciar de perto o capitel magnífico dessa coluna de branco mármore. A ACM é o remate admirável da nossa obra de propaganda.

Finquei os cotovelos na mesa com curiosidade.

— Mas a origem das ACM no mundo?

— Shuman, secretário-geral em Buenos Aires, disse-nos na convenção de 1903 essa origem. Em 1836, apareceu na cidade de Bridgewater, na Inglaterra, um rapazola de 15 anos, chamado George Williams. Mandava-o o pai ao campo para aprender um ofício. George viu que os seus 60 companheiros eram de moral duvidosa e sem crença e que de um meio tão grande só dois ou três oravam ao Redentor. Orou também no seu mísero quarto, por trás da oficina, durante uma hora. A princípio fazia só esses exercícios, depois convidou os companheiros, e cinco anos depois estava em Londres. Londres! A cidade mais populosa do mundo! Conhecem vocês os perigos das cidades, o desvario, a luxúria, a perdição, o jogo, a ambição desmedida dos grandes centros? Onde se congregam mais os homens, aí entra com mais certeza Satanás, aí grassa mais terrível a epidemia da perdição. Williams, na fábrica onde se empregou, não encontrou um só cristão. Ao cabo de um mês, porém, apareceu um novo empregado, Christopher Smith, e os dois, ligados pela amizade, resolveram a conversão dos companheiros, convidando-os para estudar a Bíblia e orar. Em pouco tempo as reuniões cresceram e, a dez de junho de 1844, representantes dessas reuniões efetuaram a organização da primeira Associação

Cristã de Moços. Foi seu fundador uma criança de 20 anos, mandada pelo Salvador a um meio cheio de vícios e de tentações para lhe dar o bálsamo da honestidade. A pequena associação estendeu-se a todos os países do mundo. Hoje há mais de 1.500 na Inglaterra, de 1851 até agora 1.600 fundaram-se só nos Estados Unidos. À primeira convenção internacional compareceram 99 delegados de 38 associações em sete países; em 1902, em Cristiânia, assistiram 3.508 delegados de 331 países. Há 60 anos a ACM iniciou os seus trabalhos; hoje só na América do Norte há mais de 25.000 moços estudando a Bíblia nas classes das associações e num só ano 3.560 professores professaram a sua fé convertidos na Associação e 9 mil outros se dedicaram ao serviço do Senhor.

— As ACM não admitem apenas crentes professos?

— Não, a Associação de Londres resolveu, em 1818, receber como sócios auxiliares os moços de boa moral. Atualmente metade dos nossos sócios, cerca de 250 mil, pertence a essa classe. Mas, meu caro, é esta uma base luminosa da propaganda, chamar a si os olhos do mundo, mostrar a pureza num século de impurezas, tolerar e purificar. Entre os estudantes das escolas, na profissão borboleteante do jornalismo, nas raças mais estranhas, entre chins[150] e caboclos selvagens, na classe universalmente conhecida pela sua intemperança, nos empregados das estradas de ferro da América, a propaganda alça por esse meio a branca flâmula da Associação."

---

[150] Chineses.

O meu ilustre amigo calou-se. No restaurante o burburinho crescia, senhoras com *toilettes* caras, homens contentes, curvavam-se no prazer de comer. Havia risos, criados passavam com os pratos de *christofle*[151] brilhando à luz dos focos, em baldes de metal as garrafas gelavam e das jarras de cristal as flores de pano pendiam desoladas ao peso do pó e do tempo. Todos ali conversavam de interesse, de ambição, de amor, de si mesmos... Senti-me superior, mandei vir um copo d'água, bebi-o com pureza. Naquela grande feira nós conversávamos da alma e do bem universal!

— E a ACM do Rio?

— A nossa associação tem também a sua evolução. Os primeiros moços cristãos reuniram-se para ouvir Simonton e Kalley na travessa das Partilhas. Foi aí que germinou a ideia de uma sociedade evangélica de moços. Em junho de 1866, cerca de 20 crentes organizaram a Sociedade Evangélica Amor à Verdade, que se manteve durante quatro anos. Em 1871, apareceu uma outra sociedade com fins idênticos, funcionando na travessa das Partilhas e na travessa da Barreira. Esta chamava-se o Grêmio Evangélico, tinha uma oficina de impressão da qual eram tipógrafos e impressores os próprios sócios, dirigidos por Antônio Trajano, Azaro de Oliveira, Carvalho Braga e Ricardo Holden. Myron Clark, que fez o histórico desse movimento, conta ainda mais, antes da atual Associação, a Boa Nova, dirigida por A. Seabra,

---

[151] Tipo de decoração de cristais e louças, feita com fios de ouro ou dourados.

M. Diel e Antônio Meireles, em 1875; o Grêmio Evangélico Fluminense organizado por Antônio de Oliveira, Severo de Carvalho, Noé Rocha e Benjamin da Silva, na rua de São Pedro, 97, com o fim de manter um jornal de propaganda, uma classe de música, biblioteca, sessões literárias; a Associação Cristã de Moços, fundada na mesma rua de São Pedro com uma diretoria composta pelos srs. João dos Santos, Antônio Andrade, José Andrade, José Luiz Fernandes Braga e Salomão Guisburgo, que publicaram o *Bíblia*, primeiro jornal evangélico a ocupar-se da mocidade no Brasil; e a Sociedade Evangélica de São Paulo. A ACM do Rio foi fundada a 31 de maio de 1893. Vinte e dois moços, representantes das Igrejas Metodistas, Presbiteriana, Fluminense e Batista, reuniram-se na rua Sete de Setembro, 79 e Myron Clark e Tucker expuseram o fim da reunião. Dias depois aprovavam os estatutos e elegiam a diretoria: Nicolau de Couto, Antônio Meireles, Luiz de Paula e Silva, Myron Clark e Irvine. Não é possível ter feito tanto em tão pouco tempo! Em oito de agosto, a Associação já estava instalada à rua da Assembleia e começava a pôr em atividade os diversos departamentos do trabalho social. Nem a revolta, nem os bombardeios, nem a agitação apavorada da cidade conseguiram esfriar o santo entusiasmo. Quando os tiros eram muitos, a Associação fechava as suas salas, para no outro dia abri-las; as aulas funcionavam; e no dia 12 de outubro, quando toda a gente só falava em tiroteios, os moços cristãos iam a Copacabana, iniciando um dos seus ramos de trabalho, a excursão social.

— Como se realizou a compra do prédio?

O evangelista limpou o lábio seco.

— Em 1895, o secretário-geral sugerira a conveniência do projeto. A diretoria aprovou-o; na reunião da vigília os reverendos Leônidas da Silva e Domingos Silveira falaram, pedindo donativos e compromissos mensais para criar-se um fundo especial, e nesta ocasião começaram os trabalhos da comissão dos compromissos. A Associação tem tido poderosos auxílios estrangeiros, tem em Fernandes Braga uma alma pura e nobre, um grande esteio, mas no fim da reunião da comissão verificou-se que a soma total dos compromissos era de 65 mil-réis mensais.

— Deus do céu!

— O patrimônio da Associação eleva-se hoje a mais de 100 contos. Fernandes Braga comprou o terreno, James Lawson ofereceu-se para emprestar o dinheiro das obras, abriu-se uma subscrição, Braga deu dez contos e Lawson dois; a comissão, composta de Fernandes Braga Júnior, Lisâneas Cerqueira Leite, Luiz Fernandes Braga, Domingos de Oliveira e Oscar José de Marcenes, multiplicou-se. Dois anos depois inaugurava-se o edifício, a casa dos moços, a obra de Deus, como diz o Rev.mo Trajano. A nossa satisfação, porém, meu caro, não vem apenas da realização desse tentâmen.[152] A ACM do Rio acendeu nos evangelistas do Brasil o desejo de associações idênticas. Eu, só, posso citar a Associação Cristã de Moços de Belo Horizonte, a Sociedade de Moços Cristãos de Castro (do Paraná), a ACM de Sorocaba, a Associação Educadora da

---

[152] Tentativa.

Bahia, a de Taubaté, a Legião da Cruz, a Milícia Cristã, a Associação de Santo André no Rio Grande, a Associação Cristã dos Estudantes no Brasil, filiada à Federação dos Estudantes no Universo, de São Paulo, a do Natal e a de Nova Friburgo. Dentro em pouco estaremos como os Estados Unidos.

— Prouvera a Deus!

Tínhamo-nos erguido.

— Onde vai?

— Por aí, passear, ver.

— Pois venha comigo à Associação, agora. São sete horas, estão funcionando as aulas. Venha e terá uma impressão do que é o centro do evangelismo no Brasil.

E saímos pelas ruas pouco iluminadas, em que a chuva miúda punha um véu de névoas.

A Associação não é nem uma igreja nem uma sociedade mundana, embora possua característicos profanos e seculares: é a casa dos moços, o segundo lar que supre as necessidades intelectuais com biblioteca, cursos, aulas, conferências; mantém a sociabilidade da juventude em salões de diversões, desenvolve-lhe o físico com ginásticas, jogos atléticos, passeios, piqueniques e, conjuntamente, lhe faz sentir a necessidade da religião. Há nessa instituição de fonte inglesa o desejo de um equilíbrio, a vontade de criar o moço simétrico, o desenvolvimento harmonioso, num ser vivo, da inteligência, do físico, da natureza social e da alma.

O homem nas grandes cidades perde-se. A Associação ampara-o, serve-lhe de escola, de clube, de lar, de templo, dá-lhe banho, conversas morais, pingue-pongue, danças, aulas noturnas, ensina-lhe a Bíblia, põe-lhe à disposição os jornais do mundo, fá-lo assistir a conferências sobre assuntos diversos. O moço deixa o lar paterno e, enquanto por sua vez não forma outro lar, fica nesse ambiente de honestidade, não só se tornando o tipo admirável do equilíbrio, como preservando das avarias e dos sofrimentos a prole futura.

A Associação é o conforto, a paz e o broquel da honestidade por estes turvos tempos. Tudo quanto ensina é útil, tudo quanto faz é para o bem.

Ao subir as altas escadarias, recordei a frase do meu amigo. A Associação é o capital, é a razão de ser da futura propaganda, é o centro do evangelismo, a maneira eficaz por que todas as igrejas evangelistas demonstram na sua perfeita integridade a vida do cristão.

Quando chegamos lá em cima, funcionavam as aulas; na sala de diversões jogava-se o *crokinole*[153] e o *carroms*;[154] a um canto conversava-se. Todos estavam bem-dispostos e riam com prazer. O meu ilustre amigo apresentou-me ao presidente, Braga Júnior, um moço inteligente, extremamente modesto; ao secretário, de uma distinção perfeita; e os dois mostraram-me, simples e sem exageros, os vastos salões, o de ginástica, o das conferências, o de estudos bíblicos, aulas, a secretaria, a biblioteca.

---

[153]Palavra não localizada; em francês existe *croquignole*, com o significado de piparote, cascudo.
[154]Palavra não localizada.

A gentileza peculiar aos evangelistas cativava naquele vasto prédio, cheio de vida e de mocidade. Cada frase do secretário era uma noção exata, cada reflexão do presidente tinha um grande ar de bondade e de modéstia. As mobílias eram novas e por toda a parte os conselhos cristãos abundavam.

— Não admire aqui — disse o meu amigo — senão a vida do civilizado e do honesto. Você conversou com os pastores, esteve com os missionários, assistiu ao culto nas nossas igrejas, viu o esforço das missões. Veja agora apenas a vida. Estes que aqui estão, meu amigo, livres estão dos três horrendos animais da visão dantesca. Não os aterram a pantera da literatura pornográfica, o leão do jogo e a loba da lascívia. E, por isto, salvos por Cristo, serão maiores amanhã e mais fortes.

Senhor! Parecia uma conversão! Apertei-lhe a mão, deixei-o jogando pingue-pongue, desci os dois andares. Na rua ventava uma chuva fria e penetrante. A loba, a lascívia, a pantera, a pornografia, o leão, o jogo, a eterna vida! Quantos nesse mundo se salvaram dos animais simbólicos na grande banalidade da existência, quantos?

Como apertasse a chuva, embrulhei-me mais no paletó, atravessei as ruas escuras recordando a aparição que fizera recuar Dante até *lá dove'l sol tace*.

Mas sem gritar e sem ver o vulto da salvação, porque talvez a tivesse deixado no salão de divertimentos, na doce paz daquelas almas fortes e tranquilas.

Irmãos e Adventistas

Na própria ACM eu soube que o evangelismo ainda tinha duas igrejas no Rio, os irmãos e os sabatistas. Dos irmãos, apesar dessa classificação tão fraternal,[155] o meu informante só conhecia um probo negociante da rua do Hospício.

Esse negociante era um homem baixo, simples e modesto, vendendo relógios e amando a Deus. Recebeu-me por trás do mostrador, e quando soube que tinha sob os olhos um curioso, pasmou.

— Interessa-lhe muito saber o que são os cristãos?

— Os irmãos...

— Perdão, os cristãos.

— Era para mim um grande favor.

Ele coçou a cabeça, alegou uma grande ignorância, com humildade. Depois, como eu continuava diante dele, resolvido a não sair, resignou-se.

— Os irmãos que se reúnem à rua Senador Pompeu, nº 121, denominam-se cristãos.

Não precisa perguntar por quê. Leia os *Atos dos Apóstolos*, capítulo 11, versículo 26. Existem no Rio há 25 anos. Não têm templo próprio, reúnem-se na casa de um irmão como deve ser. Leia a *Epístola de São Paulo aos romanos*, capítulo 16, versículo 5. Os seus estatutos, a sua regra de fé são as escrituras e a sua divisa é não ir além delas. Leia a *1ª Epístola aos coríntios*, capítulo 4, versículo 6.

— E o pastor, quem é?

---

[155] No texto original, por engano, está escrito: paternal.

— Reconhecemos como único pastor a Jesus Cristo. Leia *São João*, capítulo 10, versículos 11 e 16. O governo da igreja está ao cuidado dos anciãos ou mais velhos, que fazem esse serviço sem outra remuneração que não seja o respeito e a honra da igreja. Leia os *Atos*... Como não nos achamos autorizados pelas escrituras, não celebramos casamentos, reconhecemos o instituído pelas potestades legalmente constituídas, a quem buscamos obedecer, desde que não contrariem as determinações de Deus. Leia a *Epístola aos romanos*, versículos 1 a 6. Naturalmente cuidamos dos pobres e dos enfermos, fazendo coletas e seguindo o ensino das escrituras. Veja a *Epístola aos coríntios*.

— Como se pratica o culto?

— No primeiro dia da semana congregamo-nos para celebrar a festa da Páscoa cristã, ou a ceia do Senhor, à 1h da manhã, com pão e vinho. Nessa ocasião adoramos a Deus, entoando hinos e lendo as escrituras, interpretando-as e edificando a alma com muitos outros dons do Espírito Santo. Basta ler a este respeito *São Paulo* e os *Atos* e o *Evangelho segundo São Mateus*. Reunimo-nos, também, aos domingos, das cinco e meia às seis e meia da tarde para estudar as escrituras. Das seis e meia às sete e meia, prega-se o Evangelho.

Era simples, puro, primitivo. Aquele relojoeiro, que a cada palavra parecia amparar a sua autoridade na palavra da Bíblia, enternecia.

— E que diz nessa hora de domingo aos pobres pecadores e irmãos?

— Vede os *Atos*, São Paulo, São João... Só há um salvador, só há um meio para o perdão dos pecados e só existe um mediador entre Deus e os homens — é nascer de novo, é nascer do Espírito Santo. Esperemos a sua chegada.

— Então, Cristo está para chegar.

Gravemente o honesto irmão olhou-me.

— Talvez demore. Talvez venha aí... A corrupção é tanta que só ele a pode extinguir.

Saí meio aflito. É possível que ainda se encontre um cristão de conto católico em plena cidade do vício, é possível essa candura?

Estava de tal forma nervoso que, sabendo obter de um crente em Niterói informações sobre os adventistas, escrevi logo uma carta espetaculosa, pedindo-lhe uma nota de efeito.

No dia seguinte, lia esta resposta lacônica e seca: "Il.^{mo} sr. — Se quiser compreender a verdade de Deus, venha V. S^a. até nosso templo, em Cascadura."

Era uma recusa? Era uma lição? Guardei a carta, humilhado, porque grande crime é para mim magoar a crença de qualquer, e estava, domingo, tristemente lendo, quando à porta surgiu um homem de negra barba cerrada, vestido numa roupa de xadrez. Olhou-me fixamente, limpamente, e a sua voz, de uma inédita doçura, disse:

— Eu sou o crente a quem há tempos escreveu!

Levantei-me nervoso. A tarde de inverno, caindo, punha pela sala uma aragem álgida, e a minha pobre alma estava num desses momentos de sensibilidade em que se crê no maravilhoso e nos espaços. Fui excessivo de gentileza. Pedia perdão de não ter obedecido ao convite, mas era tão longe, tão vago, em Cascadura...

O crente fervoroso sentou-se, pousou a sua mala no chão, encostou o velho guarda-chuva à parede.

— Não é bem em Cascadura, fica entre Cupertino e essa estação, deixei de mandar-lhe as notas porque não me achava com competência para as dar. São João disse: "Temei a Deus e dai-lhe glória." Eu sou muito humilde, só posso dar a minha crença.

— Mas uma simples informação?

— Era preciso consultar os meus irmãos.

Eu ficara na sombra, a luz batia-lhe em cheio no rosto. Reparei então nos traços dessa fisionomia. O lábio era quase infantil, os dentes brancos, pequenos, cerrados, e toda aquela espessa barba negra parecia selar solenemente a inefável bondade do seu perfil. De resto o crente era tímido, cada palavra sua vinha como um apostolado que se desculpa e a sua voz persuasiva ciciava baixinho a crença do Infinito, com um conhecimento dos livros sagrados extraordinário.

Mas a origem dos adventistas?

O crente puxou mais a cadeira.

Uma discussão que se levantou na América, em 1840, e na qual Guilherme Miller ocupou lugar saliente. Os adventistas esperavam o fim do mundo, em 1844, porque a profecia de Daniel, no capítulo 8, versículo 14, diz que o santuário será justificado ou purificado ao fim do decurso do período profético de 2.300 dias.

— Deus! Em tão pouco tempo?

— Dias proféticos equivalentes a um ano. Os adventistas julgavam que o 2.300 era o ano de 1844 e que a justificação ou purificação do santuário importaria em ser queimada a Terra com a vinda de Cristo.

Esperavam, pois, a vinda de Jesus.

Olhei o crente. Os seus olhos eram beatos como os olhos dos puros.

— Ora, o tempo passou e Cristo não veio...

— Sim, fez ele, e claro ficou o erro. Ou houvera falta na contagem dos 2.300 dias ou a purificação do santuário não era a purificação da Terra na segunda vinda de Cristo. Mas a questão agitara o estudo. A coisa foi examinada e duas opiniões se formaram. Uns julgavam que o período profético ainda não decorrera, outros, com lento trabalho, chegaram à conclusão que o erro existia na palavra santuário.

— Então o santuário?

— Não tem aplicação à Terra, mas verdadeiramente ao céu, onde Jesus Cristo entrou no fim desse período de tempo, para purificá-lo com o seu próprio sangue, conforme está descrito. A classe que aceitou essa interpretação é a que se chama Adventistas do 7º Dia. Não marcamos tempo nem cremos que qualquer período profético assinalado na Bíblia se estenda até nós.

— Então aceitam como base da fé?

— A Bíblia Sagrada, a palavra de Deus, sem tradições, e a autoridade de qualquer igreja. Cristo é o Messias prometido, só por ele se obtém a salvação. As pessoas salvas observam os dez mandamentos, inclusive o 4º, celebram a Santa Ceia do Senhor, em conexão com o ato de humildade praticado por Jesus Cristo, creem na Ressurreição, que os mortos dormem até esse momento, conforme as palavras do Salvador em *São João*...

— A Ressurreição?

— Sim, a dos justos far-se-á na segunda vinda de Cristo, a dos ímpios mil anos depois, com um grande fogo que os queimará e purificará a terra!

— Então não é tão cedo?...

— Infelizmente, parece. Nós fazemos o bem, temos uma missão médica, que envia facultativos a toda a parte do mundo, fundamos sanatórios, e, crendo que a educação intelectual não basta, conseguimos escolas industriais. À semelhança do cristianismo nos tempos apostólicos, o adventismo tomou um rápido incremento, elevando-se o número de crentes a 80 mil, segundo as profecias sagradas.

— E a obra no Brasil?

— A obra no Brasil começou, em 1893, contando hoje um número de membros leigos de 800 a 900 espalhados na maioria pelos estados de Paraná, Santa Catarina, Rio Grande do Sul, contando o seu corpo eclesiástico: três pregadores ordenados, três licenciados, dois missionários médicos, dois professores diretores de escolas missionárias e 11 professores de escolas paroquiais, sete colportores[156] evangelistas, uma revista *O Arauto da Verdade* e seu redator. Na sua organização outros membros ocupam cargos segundo os dons manifestados e conforme a necessidade

---

[156]Vendedor ou distribuidor de livros religiosos.

do trabalho na obra de Deus. Tem 15 igrejas organizadas. O atual presidente do trabalho é um médico missionário dr. H. F. Graf, residente em Taquari, Rio Grande do Sul, e o secretário tesoureiro o irmão A. B. Stauffer, residente no Distrito Federal, em Cascadura. Há ainda uma comissão administrativa composta de sete pessoas, duas escolas missionárias, uma em Taquari, no Rio Grande do Sul, outra em Brusque, Santa Catarina, e 11 escolas paroquiais.

Ele levantara-se. Terminada a informação, partia como um personagem de lenda. Pegou da mala, do guarda-chuva.

— Bernardino Loureiro, quando quiser...

Apertei-lhe a mão com reconhecimento. Se há no mundo momentos fugazes de sinceridade, a presença desse varão mos tinha dado com a extrema paz que vinha da sua palavra.

— Diga-me uma coisa, uma última. E Cristo? Quando vem Cristo?

— Os sinais que deviam preceder a sua vinda, conforme Ele mesmo predisse em Mateus, cumpriram-se. É de crer que a sua vinda esteja próxima.

— Quando?

— Ainda nesta geração, talvez amanhã, quem sabe?

Tornou a apertar-me a mão, sumiu-se. Passara como o anunciador, apagara-se como um raio de sol.

A noite caíra de todo. As trevas subiam lentamente pelas paredes, e a brisa úmida, entrando pelas janelas, sacudia as folhas de papel esparsas, num tremor assustado.

O SATANISMO

Os satanistas

— Satanás! Satanás!
— *Che vuoi?*
— Não o sabes tu? Quero o amor, a riqueza, a ciência, o poder.
— Como as crianças, as bruxas e os doidos, sem fazer nada para os conquistar.

O filosófico tinhoso tem nesta grande cidade um ululante punhado de sacerdotes, e, como sempre que o seu nome aparece, arrasta consigo o galope da luxúria, a ânsia da volúpia e do crime. Eu, que já o vira Exu, pavor dos negros feiticeiros, fui encontrá-lo poluindo os retábulos[157] com o seu deboche, enquanto a teoria báquica[158] dos depravados e das demoníacas estorcia-se no paroxismo da orgia... Satanás é como a flecha de Zenon,[159] parece que

---

[157]Estrutura de pedra ou madeira que se eleva diante de um altar.
[158]Relativo a Baco ou Dionísio, deus greco-romano, cujas festas eram chamadas Bacanais.
[159]Zenão de Eleia, filósofo grego do século V a. C. que negava a existência do movimento.

partiu, mas está parado — e firme nos corações. Surgem os cultos, desaparecem as crenças, esmaga-se a sua recordação, mas, impalpável, o Espírito do Mal espalha pelo mundo a mordacidade de seu riso cínico e ressurge quando menos se espera no infinito poder da tentação.

Conheci alguns dos satanistas atuais na casa de Saião, o exótico herbanário da rua Larga de São Joaquim, o tal que tem à porta as armas da República. Saião é um doente. Atordoa-o a loucura sensual. Faceirando entre os molhos de ervas, cuja propriedade quase sempre desconhece, o ambíguo homem discorre, com gestos megalômanos, das mortes e das curas que tem feito, dos seus amores e do assédio das mulheres em torno da sua graça. A conversa de Saião é um coleio[160] de lesmas com urtigas. Quando fala cuspinhando, os olhitos atacados de satiríase,[161] tem a gente vontade de espancá-lo. A casa de Saião é, porém, um centro de observação. Lá vão ter as cartomantes, os magos, os negros dos ebós, as mulheres que partejam, todas as gamas do crime religioso, do sacerdócio lúgubre.

Como, uma certa vez, uma negra estivesse a contar-me as propriedades misteriosas da cabeça do pavão, eu recordei que o pavão no Curdistão é venerado, é o pássaro maravilhoso, cuja cauda em leque reproduz o esquema secreto do deus único dos iniciados pagãos.

— O senhor conhece a magia? — fez a meu lado um homem esquálido, com as abas da sobrecasaca a adejar.

---

[160] Serpentear; movimentar-se como uma cobra.
[161] Desejo sexual exacerbado.

Imediatamente Saião apresentou-nos.

— O dr. Justino de Moura.

O homem abancou, olhando com desprezo para o herbanário, limpou a testa inundada de suor e murmurou liricamente.

— Oh! A Ásia! A Ásia!

Eu não conhecia a magia, a não ser algumas fórmulas de satanismo. O dr. Justino puxou mais o seu banco e conversamos. Dias depois estava relacionado com quatro ou cinco frustes,[162] mais ou menos instruídos, que confessavam com descaro vícios horrendos. Justino, o mais esquisito e o mais sincero, guarda avaramente o dinheiro para comprar carneiros e chupar-lhes o sangue; outro rapaz magríssimo, que foi empregado dos Correios, satisfaz apetites mais inconfessáveis ainda, quase sempre cheirando a álcool; um outro moreno, de grandes bigodes, é uma figura das praças, que se pode encontrar às horas mortas... Se de Satanás eles falavam muito, quando lhes pedia para assistir à missa negra, os homens tomavam atitudes de romance e exigiam o pacto e a cumplicidade.

A religião do Diabo sempre existiu entre nós, mais ou menos. Nas crônicas documentativas dos satanistas atuais encontrei casos de *envoûtement*[163] e de malefícios, anteriores aos negros e a Pedro I. A Europa do século

---

[162]Pessoa grosseira.
[163]Operação mágica que se faz sobre uma imagem de cera, que representa quem se quer prejudicar.

XVII praticava a missa negra e a missa branca. É natural que algum feiticeiro fugido plantasse aqui a semente da adoração do mal. Os documentos — documentos esparsos sem concatenação que o dr. Justino me mostrava de vez em quando — contam as evocações do papa Aviano, em 1745. Os avianistas deviam ser nesse tempo apenas clientes, como é hoje a maioria dos frequentadores dos espíritas, dos magos e das cartomantes. No século passado, o número dos fanáticos cresceu, o avianismo transformou-se, adaptando correntes estrangeiras. A princípio surgiram os paladistas,[164] os luciferistas que admiravam Lúcifer, igual de Adonai,[165] inicial do Bem e deus da Luz.

Esses faziam uma franco-maçonaria, com um culto particular, que explicava a vida de Jesus dolorosamente. Guardam ainda os satanistas contemporâneos alguns nomes da confraria que insultava a Virgem com palavras estercorárias:[166] Eduardo de Campos, Amílcar Figueiredo, Teopompo de Souza, Teixeira Werneck e outros, usando pseudônimos e compondo um rosário de nomes com significações ocultistas e simbólicas. Os paladistas não morreram de todo, antes se transformaram em formas poéticas. No Paraná, há um movimento ocultista acentuado — como há todas as formas de crença, sendo o povo de poetas impressionáveis; existem atualmente escritores

---

[164] Seguidor do paladismo, seita que cultua Lúcifer como príncipe de luz e de bondade.
[165] Um dos nomes de Deus no Velho Testamento.
[166] Relativo a esterco.

luciferistas que estão *dans le train* dos processos da crença na Europa. A franco-maçonaria, morto o seu antigo chefe, um padre italiano Victorio Sengambo, fugido da Itália por crimes contra a moral, desapareceu. No Brasil não andam assim os apóstatas e, apesar do desejo de fortuna e de satisfações mundanas, é difícil se encontrar um caso de apostasia no clero brasileiro. Os luciferistas ficaram apenas curiosos, relacionados com o supremo sacerdócio de Charleston, donde partirá o novo domínio do mundo e a sua descristianização.

Os satanistas ao contrário imperam, sendo como são mais modestos.

Sabem que Satã é o proscrito, o infame, o mal, o conspurcador, fazem apenas o catolicismo inverso, e são supersticiosos, depravados mentais, ou ignorantes apavorados das forças ocultas. O número de crentes convictos é curto; o número de crentes inconscientes é infinito.

Seria curioso, neste acordar do espiritualismo em que os filósofos materialistas são abandonados pelos místicos, ver como vive Satã, como goza saúde o Tentador.

Nunca este espírito interessante deixou de ser adorado. No início dos séculos, na Idade Média, nos tempos modernos contemporaneamente, os cultos e os incultos veneram-no como a encarnação dos deuses pagãos, como o poder contrário à cata das almas, como o Renegado. As almas das mulheres tremem ao ouvir-lhe o nome, as criações literárias fazem-no de ideias frias e brilhantes como floretes de aço, no tempo do Romantismo o sr. Diabo foi saliente. Hoje Satanás dirige as literaturas perversas, as pornografias, as filosofias avariadas, os misticismos perigosos, assusta a Igreja Católica, e cada homem, cada mulher, por momentos ao menos, tem o desejo de o chamar para ter amor, riqueza, ciência e o poder. Bem dizem os padres: Satanás é o Tentador; bem o pintou Tintoretto na *Tentação*, bonito e louro como um anjo...

A nossa terra sofre cruelmente da crendice dos negros, agarra-se aos feiticeiros e faz a prosperidade das seitas desde que estabeleçam o milagre. Satanás faz milagres a troco de almas. Quem entre nós ainda não teve a esperança ingênua de falar ao Diabo, à meia-noite, mesmo acreditando em Deus e crendo na trapaça de Fausto? Quantos, por conselhos de magos falsos, em noites de trovoada, não se agitaram em lugares desertos à espera de ver surgir o Grande Rebelde? Há no ambiente uma predisposição para o satanismo, e como, segundo o Apocalipse, é talvez neste século que Satanás vai aparecer, o número de satanistas autênticos, conhecedores da Cabala, dos fios imantados, prostituidores da missa, aumentou. Há hoje para mais de 50.

Quarta-feira santa encontrei o dr. Justino no Saião. O pobre estava mais pálido, mais magro e mais sujo, levando sempre o lenço à boca, como sentisse gosto de sangue.

— Continua nas suas cenas de vampirismo? — suspirei eu.

Nos olhos do dr. Justino uma luz de ódio brilhou.

— Infelizmente o senhor não sabe o que diz! — Deu dois passos agitados, voltou-se, repetiu — infelizmente não sabe o que diz! O vampirismo! alguém sabe o que isto é? Não se faça de cético. Enquanto ri, a morte o envolve. Agora mesmo está sentado num molho de solaneias.[167]

Eu o deixara dizer, subitamente paralisado. Nunca o vira tão nervoso e com um cheiro tão pronunciado de álcool.

— Não ria muito. O vampirismo, como a sua filosofia, coopera para a vitória definitiva de Satã... Conhece o Diabo?

A pergunta feita num restaurante bem iluminado seria engraçada. Naquele ambiente de herbanário e na noite em que Jesus sofria, fez-me mal.

— Não. Também como o conhecer sem o pacto?
— O pacto é o conhecimento de causa.

Passeou febrilmente, olhando-me como a relutar com um desejo sinistro. Por fim agarrou-me o pulso.

— E se lhe mostrasse o Diabo, guardaria segredo?
— Guardaria! — murmurei.
— Então venha.

E bruscamente saímos para o luar fantástico da rua. Esta cena abriu-me de repente um mundo de horrores. O dr. Justino, médico instruído, era simplesmente um louco. No bonde, aconchegando-se a mim, a estranha criatura disse o que estivera a fazer antes do nosso encontro. Fora beber o seu sanguezinho, ao escurecer, num açougue conhecido. Como todos os degenerados, abundou nos detalhes. Mandava sempre o carneiro antes; depois, quando as estrelas luziam, entrava no pátio, fazia uma incisão no

---

[167]Plantas da família das solanáceas, no caso, a pimenta.

pescoço do bicho e chupava, sorvia gulosamente todo o sangue, olhando os olhos vítreos do animal agonizante.

Não teria eu lido nunca o livro sobre o vampirismo, a possessão dos corpos? Pois o vampirismo era uma consequência fatal dessa legião de antigos deuses pagãos, os sátiros e os faunos, que Satã atirava ao mundo com a forma de súcubos[168] e íncubos.[169] O dr. Justino era perseguido pelos íncubos, não podia resistir, entregava-se... Já não tinha espinha, já não podia respirar, já não podia mais e sentia-se varado pelos símbolos fecundos dos íncubos como as feiticeiras em êxtase, nos grandes dias de sabá.

Sacudi a cabeça como quem faz um supremo esforço para não soçobrar também.

O cidadão com que falava era um doido atacado do solitário vício astral! Ele, entretanto, febril, continuava a descrever o poder de Satã sobre os cadáveres, a legião que acompanhou o Supremo e o inebriamento sabático.

— Mas, doutor, compreendamos. O sabá em plena cidade? As feiticeiras de Shakespeare no Engenho Novo?

— Satã continua cultuado, por mais que o mundo se transforme. O sabá já se fez até nos telhados. Os gatos e os morcegos, animais de Satã, vivem entre as telhas.

Lembrei-me de um caso de loucura, um estudante que recebia o Diabo pelos telhados, e morrera furioso. Não

---

[168] Demônio que perturba o sono dos homens tomando forma feminina.
[169] Demônio que perturba o sono das mulheres tomando a forma masculina.

me pareceu de todo falso. O sabá, porém, o sabá clássico, a festa horrenda da noite, o delírio nos bosques em que as árvores parecem demônios, a ronda detestável das mulheres nuas, subindo aos montes, descendo as montanhas, a fúria necrófila que desenterrava cadáveres e bebia álcool com sangue extinguiu-se. A antiga orgia, a comunicação imunda com o Diabo não passa de contos de demógrafos, de fantasias de curiosos. Satã vive hoje em casa como qualquer burguês. Esse cavalheiro poderoso, o Tinhoso, não vai mais para trás das ermidas oficiar, as fúrias desnudas não espremem mais o suco da vida, rolando nas pedras, sob a ventania do cio. Todo o mal que a Deus fazem é em casa, nos deboches e na prostituição da missa.

E que vida a deles! Agora que o bonde passava pelo canal do Mangue e a lua batia na copa das palmeiras, o pobre homem, tremendo, contava-me as suas noites de agonia. Sim, o dr. Justino temia os lêmures[170] e as larvas,[171] dormia com uma navalha debaixo do travesseiro, a navalha do Cambucá, um assassino que morrera de um tiro. As larvas são fragmentos de ideias, embriões de cóleras e ódios, restos de raivas danadas que sobem do sangue dos criminosos e do sangue regular das esposas e virgens aos astros para envolver as criaturas, são os desesperos que se transformam em touros e elefantes, são os animais da

---

[170] No folclore romano, o espírito das pessoas mortas que vinham atormentar os vivos.
[171] No folclore romano, o fantasma dos que tiveram morte violenta, e vagavam entre os vivos.

luxúria. E esses animais esmagavam-no, preparando-o para o grande escândalo dos íncubos.

— Mas certamente — fiz para acalmá-lo — Satã, desde que se faz com o inferno um pacto e uma aliança com a morte, dá o supremo poder de magia, o quebranto, a bruxaria, o malefício, o envolver das vontades...

Ele sorriu tristemente, tiritando de febre.

— A magia está muito decaída, eivada de costumes africanos e misturadas de pajés. Conhece o malefício do ódio, a boneca de cera virgem? Esmagava-se a cera, modelava-se um boneco parecido com o odiado, com um dente, unhas e cabelos seus. Depois vestiam-lhe as roupas da pessoa e no batismo dava-se-lhe o seu próprio nome. Por sobre a boneca o mago estendia uma corda com um nó, símbolo da sua resolução exclamava: Arator, Lepidator, Tentator, Somniator, Ductor, Comestor, Devorator, Seductor, companheiros da destruição e do ódio, semeadores da discórdia que agitam livremente os malefícios, peço-vos e conjuro-vos que admitais e consagreis esta imagem...

— E a cera morria...

— Animado do seu ódio, o mago dominava as partículas fluídicas do odiado, e praguejando acabava atirando a boneca ao fogo, depois de trespassá-la com uma faca. Nessa ocasião o odiado morria.

— E o choque de volta?

— Quando o enfeitiçado percebia, em lugar de consentir nas perturbações profundas do seu ser, aproveitava os fluidos contra o assassino e havia conflagração. O mágico, porém, podia envenenar o dente da pessoa, distender-se distender-se no éter e ir tocá-la. Havia ainda o *envoûtement* retangular... Hoje, os feiticeiros são negros, os fluidos de uma raça inferior destinados a um domínio rápido. Os malefícios satânicos estão inundados de azeite de dendê e de ervas de caboclos.

Então, encostado a mim, com mau hálito, enquanto o bonde corria, o dr. Justino deu-me várias receitas. Como se estuda nesse receituário macabro o temor de várias raças, desde os ciganos boêmios até os brancos assustadiços! O sangue é o seu grande fator: cada feitiço é um misto de imundície e de infâmia. Para possuir, para amar, para vencer, os satanistas usam, além das receitas da *Clavícula*[172] de morcegos, porcos-da-índia, pós, ervas, sangue mensal das mulheres, ratos brancos, produto de espasmos, camundongos, rabos de gatos, moedas de ouro, fluidos, carnes, bolos de farinha com óleos, e para abrir uma chaga empregam, por exemplo, o ácido sulfúrico...

— Com o poder do horrendo, fez subitamente o médico numa nova crise, é lá possível temer esse idiota que morreu na cruz? Sabe que os talmudistas negam a ressurreição?

Levantou-se titubeante, saltamos. O bonde desapareceu. Embaixo, no leito do caminho de ferro, os *rails* d'aço branquejavam, e, no ar, morcegos faziam curvas sinistras. O dr. Justino ardia em febre. De repente, ergueu os pulsos.

---

[172] *A clavícula de Salomão*, famoso livro de magia atribuído ao famoso rei bíblico.

— Impostor! Torpe! Salafrário! — ganiu aos céus estrelados.

— Onde vamos?

— À missa negra...

— Onde?

— Ali.

Estendeu a mão, veio-lhe um vômito, emborcou no meu braço que o amparava, golfando num estertor pedaços de sangue coagulado.

Ao longe ouviu-se o silvo da locomotiva.

Então, com o possuído do Diabo nos braços, eu bati à porta dos satanistas, ouvindo a sua desgraçada vida e a dor infindável da morte.

A missa negra

Atravessamos uma aleia de sapucaias. O terreno enlameado pegava na sola dos sapatos. Justino ia à frente, com um preto que assobiava, dois cães sujos e magros. Por entre os canteiros incultos crescia a erva daninha, e os troncos das árvores, molhados de luar, pareciam curvar-se.

— Entramos no inferno?

— Vamos ao sabá moderno.

Tínhamos chegado ao velho prédio, que emergia da sombra. O negro empurrou a porta e todos três, misteriosamente, penetramos numa saleta quase escura, onde não havia ninguém. Justino lavou as mãos, respirou forte e, abrindo uma outra porta, sussurrou:

— Entre.

Dei numa vasta sala cheia de gente. Candeeiros de querosene com refletores de folha pregados às paredes pareciam uma fileira de olhos, focos de locomotivas golpeando as trevas numa pertinaz interrogação. A atmosfera, impregnada de cheiros maus de pó de arroz e de suor, sufocava. Encostei-me ao portal indeciso. Remexia e gania entre aquelas quatro paredes o mundo estercorário do Rio. Velhos viciados à procura de emoções novas, fúfias[173] histéricas e ninfomaníacas, mulatas perdidas, a ralé da prostituição, tipos ambíguos de calças largas e meneios de quadris, caras lívidas de *rôdeurs*[174] das praças, homens desbriados, toda essa massa heteróclita[175] cacarejava impaciente para que começasse a orgia. Os velhos tinham olhares cúpidos, melosos, os tipos dúbios tratavam-se entre si de comadres, com as faces pintadas, e a um canto o empregado dos Correios, esticando o pescoço depenado de condor, fixava na penumbra a presa futura. Não era uma religião; era um começo de saturnal.[176]

Senti que me tocavam no braço. Voltei-me. Era um poeta muito vermelho, que cultivara outrora, numa revista de arte, o satanismo literário. Desequilibrado, matoide,[177] o Carolino estava ali em parada íntima de perversão poética.

---

[173]Pessoa sem mérito, mas que se considera superior aos outros mortais.
[174]Pessoa que vaga a esmo pelas ruas.
[175]Fora das regras estabelecidas.
[176]Orgia.
[177]Doido.

— Também tu? — fez apertando-me a mão entre as suas, viscosas de suor. — Curioso, hein? Mas palhaçada, filho, palhaçada! É a segunda a que eu assisto. Uma missa negra de jornal de Paris com ilustrações ao vivo... Imagina que nem há padres. O oficiante é o degenerado que anda à noite pelas praças.

— E as hóstias?

— As hóstias, essas ao menos são autênticas, roubadas às igrejas. Dizem até... — Esticou-se, colou a boca no meu ouvido como quem vai fazer uma espantosa revelação. — Dizem até que há um sacristão na cidade a mercadejá-las. É para quem quer... hóstias a dez tostões. É boa!

Mas que diferença, meu caro, da missa antiga, da verdadeira!

— Não se mata ninguém?

— É lá possível? E a polícia? Já não estamos no tempo de Gilles de Rais[178] nem da Montespan...[179] Bom tempo esse!

Pousou os dedos no peito, revirou os olhos saudosos. Era como se tivesse tido relações pessoais com o Gilles e a Montespan.

A turba, entretanto, continuava a piar. Todas as janelas fechadas faziam da sala um forno. Carolino encostou-se

---

[178]Cavalheiro francês da alta nobreza, companheiro de armas de Joana d'Arc, posteriormente marechal de França; foi preso e executado em 1440, pelo crime de feitiçaria e infanticídio.

[179]A marquesa de Montespan, favorita do Rei Luís XIV de França, ao qual deu sete filhos; foi envolvida, em 1680, num tenebroso caso de feitiçaria e envenenamento, que, ao ser descoberto, provocou a condenação à morte de várias pessoas.

também e deu-me informações curiosas. Estava vendo uma rapariga loura, com uma fístula no queixo e óculos azuis? Era uma *trotteuse*[180] da praça Tiradentes. Certo homem pálido, que corcovava abanando-se, era artista peladanista;[181] outro gordo e flácido fazia milagres e intitulava-se membro da Sociedade de Estudos Psíquicos. Havia de tudo... Uma senhora, vestida de negro, passou por nós grave, como cansada.

— E esta?

— É a princesa... Uma mulher original, estranha, que já adorou o fogo...

— Mas você está fazendo romance. Isso é literatura.

— Tudo é literatura! A literatura é o mirífico agente do vício. Por que estou eu aqui? A literatura, Huysmans,[182] o cônego Docre do *Là-bas*, os livros enervadores. Os que arranjaram estas cenas, o rapaz dos Correios, o Justino, o Bode...

— O Bode?

— É o nome satânico do sacerdote... tem o cérebro como um sanduíche de literatura.

— Mas o resto, estas 40 pessoas que eu vejo, tenho a certeza de ver e que encontrarei talvez amanhã nas ruas?

— Em ruas más... São depravados, pervertidos, doentes, endemoninhados! Satã, meu amigo, Satã, que os

---

[180]Mulher que pratica o *trottoir*; prostituta de calçada.
[181]Seguidor de Josephin Péladan (1859-1918), escritor e ocultista francês.
[182]Joris-Karl Huysmans (1848-1907), escritor francês do estilo decadente, autor de *À rebours* e *Là-bas*.

padres arrancam do corpo das mulheres no Rio de Janeiro, a varadas!

— É sempre o melhor meio.

— O único eficaz, mas que nos tira a ilusão da fantasia... confesse. É um gozo a descida ao abismo da perdição com o Deus do Mal, esse banho de gosma em que, de irreais as cenas, não as acreditam os nossos olhos, ao vê-las, nem os nossos ouvidos ouvindo-as. Começa a cerimônia... entremos. Só falta aqui o falecido coronel.

Abrira-se uma porta, a da casa de jantar, e a crápula entrava aos encontrões, dando-se beliscões, com o olhar guloso e devasso. Entramos também.

Como era razoável a desilusão de Carolino! A missa negra a que eu assisti, era uma paródia carnavalesca e sádica, uma mistura de várias missas com invenções pessoais do sacerdote. Havia frases do Ofício da Observância, trechos sacrílegos do abade Guibourg,[183] a missa de Vintras, esse doido formidável, aparatos copiados dos Ansariés[184] da Síria e um desmedido deboche, o deboche do teatro São Pedro em noite de carnaval, se a polícia não contivesse o desejo e as portas se fechassem. Carolino tinha razão.

O erotismo ambicioso de outrora devia ser mais interessante. Guibourg aspergindo de água-benta o corpo nu da Montespan deitada nos Evangelhos dos Reis, os

---

[183] Principal religioso envolvido no escândalo de satanismo que abalou a França no reinado de Luís XIV; foi condenado à morte na fogueira.

[184] Seguidores da seita islâmica xiita alauita, fundada no século IX, na fronteira atual da Síria e Líbano.

pombos queimados, a paixão de Nossa Senhora lida com os pés dentro d'água, o cibório[185] cheio de sangue inocente no centro das sensações, tinham um fim. A missa de Ezequiel, o ofício supremo em que, além de Satã, aparecem Belzebu,[186] Astaroth,[187] Asmodeu,[188] Belial,[189] Moloch[190] e Baal-Fagor,[191] era religiosamente terrível. A que meus olhos viam, não passava de fantasia de debochadas e histéricas necessitando do rifle policial e do chicote.

A casa de jantar estava transformada numa capela. Ao fundo levantava-se o altar-mor, ladeado de um pavão empalhado com a cauda aberta — o pavão símbolo do Vício Triunfal. Nos quatro cantos do teto, morcegos, deitados em corações de papel vermelho, pareciam assustados. Panos pretos com cruzes de prata voltadas cobriam as janelas e as portas.

Do altar-mor, que tinha três degraus cobertos por um pelego encarnado, descia, abrindo em forma de leque, um duplo renque de castiçais altos, sustentando tochas acesas de cera vermelha. Era essa toda a luz da sala. O bando tomou posições. Alguns riam; outros, porém, tinham as faces pálidas, olheirentas, dos apavorados. Nós, eu e o

---
[185]Cálice com tampa onde se guardam as hóstias na liturgia católica.
[186]Demônio chefe; príncipe das trevas.
[187]Um dos nomes da deusa fenícia Astarte (o planeta Vênus), associada ao culto do demônio.
[188]Demônio da impudicícia.
[189]Um dos nomes de Satanás.
[190]Divindade cananeia à qual, segundo a Bíblia, se faziam sacrifícios humanos.
[191]Nome dado na Bíblia aos falsos deuses.

poeta, ficamos no fim. Um silêncio caiu. Do alto, pregado à cruz tosca, uma escultura infame pretendia representar Cristo, o doce Jesus! Era um boneco torpe, de bigodes retorcidos, totalmente excitado, que olhava os fiéis com um olhar trocista e o beicinho revirado.

— É horrendo.

— Se estamos na casa do Horrendo! Guarde a sua emoção. Tudo isso é religião. O mesmo fazem com o Iscariotes no Sábado de Aleluia os meninos católicos.

Guardei. Vinham aparecendo aos saltinhos, num andar de marrecos presos, quatro sacristãos com as sotainas em cima da pele. Esses efebos diabólicos, de faces carminadas e sorrisinhos equívocos, passeavam pela sala como *ménagères* preocupadas com um jantar de cerimônia, dando a última demão à mesa. Depois surgiu um negrinho de batina amarela, com os pés nus e as unhas pintadas de ouro. Trazia os braseiros para o incenso e quando passava pelos homens erguia devagar o balandrau[192] cor de enxofre. A princesa, adoradora do fogo, olhou-o com gula e ia talvez falar, quando apareceu o sacerdote acompanhado de um outro sacristão exótico. À luz dos círios que estalidavam, nessa luz vacilante e agônica, o mulato era teatral. Alto, grosso, com o bigode trincado, as olheiras papudas, os beiços sensuais pendentes, fez a aparição de capa encarnada e báculo[193] de prata, com os símbolos de Xiva[194] potente.

---

[192]Capa com abertura em lugar de mangas, usada pelas irmandades religiosas; o mesmo que opa.
[193]Bastão com extremidade curva, um dos símbolos do poder dos bispos.
[194]Shiva; na trindade sagrada do hinduísmo, Brahma representa a criação; Vishnu a conservação e Xiva a destruição.

— Esse homem é doido?

— Um sádico inteligente. Tem como prazer único o crime de um príncipe que há dois anos agitou a moral arquiduvidosa de Londres... Ainda não conversou com ele? Muito interessante. Há tempos inventou a divina junção dos sexos num tipo único, o andrógino satânico. É admirável...

— A literatura! — fiz.

— O Mal! — retrucou o poeta cínico, e apontou o dr. Justino.

O pobre médico encostado a uma das cruzes batia palmas chamando.

— Satanás! Satanás! Nosso Senhor! Acode!

O sacerdote virou-se. A cauda estrelada de um pavão cobria-lhe o peito da túnica.

Curvou-se, juntou as mãos, e a paródia da missa católica começou, em latim, mudando apenas Deus pelo Diabo. Era tal qual, curvaturas, gestos, toques de campainha, respostas de sacristãos, tudo. De repente, porém, o homem desceu os três degraus, os sacristãos surgiram com turíbulos enormes, e ele, despregando a casula surgiu inteiramente nu, com o cavanhaque revirado, a mão na anca, cruel como o próprio Rebelde. As mulheres, os pequenos equívocos, o ocultista, arrancaram as roupas, rasgaram-se enquanto o seu dorso reluzente e suado curvava-se diante dos incensos. Depois de novo, com uma voz de metal bradou:

— Senhor! Satã! Glória da terra! Tu que aclaras os pobres homens, fonte do ouro, misterioso guarda das criptas e dos antros; tu que moras na terra onde o ouro vive; causa dos pecados; amparo da carne; delírio único; fim da vida; deixa que te adoremos! Não te exterminaram as sotainas baratas, não te perdeu o outro, não se acabará nunca o teu poderoso império, ó lógica da existência! Satanás, estás em toda a parte; és o desejo, a razão de ser, o espasmo! Ouve-nos, aparece, impera! Não vês na cruz o larápio que roubou a tua lábia e o teu saber?

— Deus! — murmurei.

— Guarde a sua emoção, meu amigo. É do rito. Eles dizem que Jesus foi a princípio de Lúcifer...

— É preciso encarnar o mágico — continuava o homem — neste pedaço de pão; é preciso magoá-lo, fazê-lo sofrer, mostrar-lhe que é único, impassível e admirável. Que seria da humanidade se não fosse o teu auxílio, ó portador dos gozos, ó desmascarador das hipocrisias? Todo o mundo soluça o teu nome, a Pérsia, a Caldeia, o Egito, a Grécia, a Roma dos roubadores da tua pompa. Olha pelo mundo a vitória, os filósofos, os sábios, os médicos, as mulheres. Os filósofos desviam o amor do outro, os sábios alugam a crença, os médicos arrancam dos ventres a maternidade, fazem as assexuadas delirantes, esmagam as crianças, as mulheres escorrem a lascívia e o ouro! Nós todos prostrados adoramos-te, diante do impostor, do mentiroso, desse que aconselha a renunciar à carne! Que venha o dinheiro, que venha a carne! Que se esmague os seios das mulheres e se lhes crave o punhal da luxúria em frente ao impostor... Jesus há de descer à hóstia! Tu queres!

Deixou cair o braço. Na face dos erotômanos a loucura punha rictos de angústia.

O sacerdote espumava, e a fumaça dos incensários de tão espessa parecia envolver-lhe a indecorosa nudez numa clâmide[195] de cinza, estrelada de círios.

— Ó Rei poderoso das satisfações, os que te acreditam, abandonam as covardias da vergonha, as pregas do pavor e a estupidez da resignação. Envia-nos Astaroth, dá-nos o amor, faze-nos gozar o prazer, faze-nos...

Um palavrão silvou, sagrado como na Bíblia. Houve um complexo de urros e guinchos.

— *Amém!* — cacarejaram os pequenos.

— Tu que és o Vício Amplo, ajuda-nos a violar o Nazareno para a glória imensa.

Outro palavrão estalou. Metade do grupo não compreendia o galimatias[196] blasfemo, mas as frases indignas eram como varadas acendendo a lubricidade, e a gentalha então, com o gesto lúbrico dos macacos, cuspinhava impropérios.

O sacerdote não descansou. Atirada a palavra, trepou os degraus, colocou uma mitra imoral no crânio e, estendendo entre os dedos uma hóstia branca de neve, encostou-se ao altar vacilante.

— Que vai ele fazer?

— Vai ao sinistro banal...

---

[195]Túnica usada na antiga Grécia, presa ao pescoço ou aos ombros por um broche.
[196]Discurso verborrágico e ininteligível.

Que Deus seria esse? Ia perguntar ao poeta, mas não tive tempo. Um dos sacristãos trepara ao altar, com o cálice na mão. Como coroado pelos pés do Cristo, o pequeno com tremores pelo corpo, tiques bruscos, garrões de nervos, o olhar embaciado sujeitava-se à estripação do batismo da hóstia, e enquanto o braço do sacerdote num movimento cruel sacudia-o, a sua voz ia dizendo:

— Que Satã o faça encarnar...

De repente o braço estacou. O pequeno tombara babando. Houve então a apoteose. Com a hóstia poluída, o homem nu desceu gritando; os braseiros caíram por terra, os homens ambíguos com gargalhadas infames rolavam; mulheres estrábicas trepavam pelo altar de quatro pés, querendo comer as migalhas da hóstia úmida. A rapariga de óculos azuis com os cabelos presos a um círio estendia o corpo convulsionado; o ocultista gordo gania, em torno do malandro nu, o *sacerdos*; uma teoria[197] de sátiros e fúrias hidrófobas mastigava enojada os pedaços da hóstia que o rapaz de pescoço de condor cuspinhara. A fumaça dos círios sufocava, alguns castiçais tinham caído.

— Hein? — fez o poeta, por pose. Mas tinha os olhos injetados e tremia.

Então agarrei-o, passamos à sala em que os corpos redemoinhavam promiscuamente no mais formidável dos deboches entre os círios tombados. Dois sinetas[198]

---

[197]No texto, cortejo religioso.
[198]Palavra não dicionarizada; provavelmente se refere ao ajudante de missa, que vibra a sineta.

puxaram-no. Claudino amparou-se no pedestal do pavão, o Vício Triunfal rolou. Demos na sala dos refletores, desesperados. A sala parecia na sua solidão uma *gare* de crime deserta. Entramos na outra em que Justino rolava num canapé sob a pressão de íncubos suficientes e reais. O negro abriu meia-porta:

— Não querem a água maldita?

— Não.

— V. Sª. vai assustado. Não diga nada, meu senhor. Deus lá em cima é que lhes dá esse castigo.

Deixei-o a falar, deitei a correr como um doido, na noite enluarada. Ouro, prostituição, infâmia, canalhice, sacrilégio, vergonha! Mas que é tudo isso diante da castidade imaculada dos elementos? Dos altos céus imensos que as estrelas cravejavam de glória, a lua derramava por sobre a calma da noite um manto inconsútil de cristal e ouro, e a terra inteira, cheia de paz e doçura, abria em perfume sob o sudário de luz, infinitamente casta...

E foi como se, arrancado ao inferno de um pesadelo lôbrego de nojo e perversão, eu voltasse à realidade misericordiosa de bondade da vida.

OS EXORCISMOS

"Houve um grande combate nos céus. Miguel e os anjos combatiam contra o dragão que lutava com os seus. Estes, porém, não tiveram a vitória e desde então foi impossível reachar o lugar nos céus. O dragão, a antiga serpente chamada Diabo ou sedutor do universo, foi precipitado com os maus anjos sobre a terra. E esse dragão tinha sete cabeças, dez cornos, sete diademas e a sua cauda arrastou a terça parte das estrelas..."

Assim fala São João de Pathmos. O dragão e as estrelas fazem o mundo diabólico, inspiram o mal, arrastam a teoria furiosa das histéricas e mais do que em qualquer outra terra fazem aqui as endemoninhadas. Pela classe baixa, pelas ruas escusas, as possessas abundam. De repente criaturas perfeitamente boas caem com ataques, escabujam,[199] arquejam, cusparam uma baba espessa, com os cabelos tesos e os olhos ardentes. Vêm os médicos, chamam a isso histeria; vêm os espíritas, dão outra explicação, mas as criaturas só tornam à vida natural quando

---

[199] Debater-se; espernear.

um sacerdote as exorcisma. Já vi na Gamboa uma mulher que ficava dois palmos acima do solo, com os braços em cruz, gargolejando injúrias ao Criador; tenho a história de uma outra que babava verde e passava horas e horas enrodilhada, com soluços secos, e atirava punhadas aos crucifixos numa ânsia incrível. São sem conta os casos de possessas.

— E toda essa gente é exorcismada?

— Às vezes.

O amigo com quem eu falava era um médico católico.

— O exorcismo pode ser feito por qualquer?

— Hoje não. Atualmente é preciso ser um homem destituído das vaidades do mundo, é preciso ser velho e puro, dotado de uma força imperecível. O bispo faz tocar ao padre exorcista o livro das fórmulas, dizendo: *"Accipe et commenda memorae, et habem potestadem imponendi manus super energumenos..."* Aqui no Rio há exorcistas falsos, malandros exploradores, há os jesuítas, alguns lazaristas e o superior da Ordem dos Capuchos que tem licença do bispo. Conhece frei Piazza? É uma excelente criatura, feita de bondade e de paz. Nunca recebe mal. Para cada injúria tem um carinho e guarda como máxima a grande verdade de que um frade vale por um exército. Que figuras! Ele pelo menos vale por um exército com a sua carícia e a sua força. É um desses entes que não param, um militante. Anda, sai, indaga, conversa, protege, ajuda, converte, exorcisma. Já o vi uma vez vaiado por alunas de uma escola e rapazes grosseiros, à toa, sem razão de ser, apenas porque era frade. Frei Piazza, muito calmo, agradecia com beijos a vaia, e cada beijo seu no ar petrificava a boca de um dos impudentes insultadores. É o nosso primeiro exorcista, o grande combatente dos diabos... Vá interrogá-lo de preferência a outro qualquer.

— Mas há diabos?

— Um recrudescimento apenas. O catolicismo explica o inexplicável. Quem faz a cosmolatria? Satanás! A necrolatria, o mal de Deus enfim? Satanás, sempre Satanás! Qual o meio de acabar com o Diabo? O exorcismo.

O Rio de Janeiro é uma tenda de feiticeiros brancos e negros, de religiões de animais, de pedras animadas, o rojar de um povo inteiro diante do amanhã,

Spectre toujours masqué qui nous suit à côté
Et qu'on nomme Demain...

Às cenas da missa negra, dos satanistas, dos magos, é preciso juntar a missa vermelha, e os exorcismos.

— Mas nós estamos no século XX!

— Meu caro, o mundo não varia olhando o invisível. Há sempre de um lado os espíritos bons, os anjos que se demonstram pela teurgia,[200] e os espíritos maus, as larvas e os demônios, isto é, de um lado as teofanias,[201] de outro as fúrias. Ultimamente, porém, casos incríveis, lendas antiquíssimas deram para reaparecer. Os agentes do

---

[200] Arte de fazer milagres.
[201] Aparição de uma divindade.

Diabo, as sereias, os faunos, os gigantes, os tritões surgem de novo. O João Catraieiro, ali do Cais dos Mineiros, já viu passeando na água uma dama de vermelho com homens de barbas verdes que riam e assobiavam... Por que havemos de banir fatos? Eu, e dou-lhe como testemunha o dr. Rafael Pinheiro e outras pessoas conhecidas, já tive uma doente que frei Piazza pôs boa. A mulher delirava, tinha ataques formidáveis, eu tratava-a segundo Charcot. Uma vez ela disse: eu tenho o Diabo no corpo. Pois vá ao Castelo! Foi e ficou boa.

Era um médico que me dizia o assombro. Nesse mesmo dia subi ao Castelo.

Pelas pedras do morro iam homens carregando baldes d'água; mulherios estendiam roupas na relva; embaixo, a cidade num vapor branco parecia uma miragem sob o chuveiro de luz. Em torno do convento saltavam cabras. Pendurei-me de cordão à porta carcomida, como um viajante medieval. Muito tempo depois apareceu um frade italiano de barba negra.

— O superior?

— Abriu a porta, fez-me entrar para uma sala paupérrima, onde havia um altar com imagens grosseiras e paramentos de missa. Pelas paredes, ordens do arcebispo, tabelas dos dias de jejum. Através das outras portas abertas viam-se salas abobadadas, onde as alpercatas sacerdotais punham um brando rumor de intimidade.

Dois minutos depois, frei Piazza aparece. Muito jovial e muito simples. Eu queria uma informação; ele dava-a. Sempre que Deus lhe fazia a graça de poder ser útil, ficava contente. A impressão desse homem, com os focos de neve de sua barba escorrendo de uma face cheia de vitalidade, é a de um ser definitivamente certo de seu fim, a quem as injúrias, as intrigas, os elogios ou os males não atingem. Viu-me um curioso mundano, impôs-me a sua crença com delicadeza.

— O senhor é jornalista! Ah! Os jornalistas!... Se eles dissessem apenas o que veem, seriam os melhores homens do universo... Mas quase nunca dizem. O príncipe de Crayemberg tinha um temor muito justo. Olhe o que ainda há pouco fizeram com a princesa russa.

Estávamos sentados num duro banco, diante de Deus e dos santos, como em poltronas confortáveis. Ele tinha entre as barbas um sorriso de sutil ironia.

— Superior — confessei eu — tenho nesses últimos tempos visto de perto os males do Diabo. Disseram-me que frei Piazza exorcisma.

— Sim, meu filho, há alguns anos. Todas as sextas-feiras das quatro da manhã às quatro da tarde, trabalho sem descanso. Só no ano de 1903, exorcismei mais de 300 demoníacas. Esses exorcismos são feitos de preferência na igreja, mas quando me chamam, vou também à casa dos pacientes. Satã mais do que nunca ameaça a Deus. Esse macaco do divino, como diz o padre Goud, arrasta as criaturas para as profundas do inferno, que a ciência considera um centro de fogo no meio da Terra, autor dos vulcões e do abalo das montanhas... Ah! meu filho, é uma vida bem dura!

— O exorcismo é público?

— Nem sempre. O Diabo pela boca dos possessos conta a vida de todos, injuria os presentes. Não é conveniente. Ficam alguns amigos que sejam sérios e piedosos.

— E como se praticam os exorcismos?

— Segundo o *Rituale*.

— Contam tanta coisa...

— É bem simples. Leio-lhe a cerimônia.

Foi-se com o seu passo apressado, voltou trazendo os óculos e um livro de marroquim vermelho com letras de ouro.

— Está escrito que o homem não viverá só de pão, mas das palavras de Deus, disse São Paulo.

Sentamo-nos. Frei Piazza abriu o *Rituale*, escrito em vermelho e negro...

O ofício de exorcismo começa com as litanias normais e o salmo LII. Depois, o sacerdote dirige-se ao Energúmeno.

— Quem quer que sejas, ordeno-te, espírito imundo, como aos teus companheiros, que obedeçam a este servidor de Deus, em nome dos mistérios da Encarnação, da Paixão, da Ressurreição e da Ascenção de Nosso Senhor Jesus Cristo, em nome do Espírito Santo, que digas o teu nome e indiques por um sinal qualquer o dia e a hora em que entraste neste corpo, ordeno-te que me obedeças, a mim, ministro indigno de Deus, e proíbo-te que ofendas esta criatura assim como aos presentes.

Depois o exorcista procede à leitura dos Evangelhos segundo São João, São Marcos, São Lucas, evoca o Cristo, faz os sinais da cruz no possesso, envolve-lhe o pescoço num pedaço de estola e com a mão direita na cabeça do rebelde, diz:

— Eu te exorcismo, imundo espírito, fantasma legião, em nome de NSJC,[202] ordeno-te que abandones esta criatura feita por Deus com terra. Deus, o mesmo que do alto dos Céus te precipitou nas profundezas, é quem te ordena, aquele que manda nos mares, nos ventos e na terra. Ouve e treme de pavor, Satã, inimigo da fé, inimigo do gênero humano, mensageiro da morte, ladrão da vida, opressor da justiça, raiz de todos os males, sedutor dos homens, traidor de todas as nações, origem da avareza, inventor da inveja, causa das discórdias e das dores. Por que ficas? Por que resistes? Temes o que te imolou por Isaac, vendido por José, morto por um anho[203] e que acabou por triunfar do Inferno?

E, fazendo sinais da cruz na cabeça, no ventre, no peito e no coração do paciente, o sacerdote, com os paramentos roxos, continua:

— Adjuro-te, serpente antiga, em nome dos julgamentos dos vivos e em nome dos mortos, em nome do teu Criador e do Criador dos mundos, daquele que tem o poder de te enviar ao Inferno, de sair imediatamente com o teu furor desse servidor de N. Sª., refugiado no seio da Igreja. Esconjuro-te de novo, não em nome da minha fraqueza, mas em nome do Espírito Santo. Sai desse servidor de Deus, criado à Sua imagem; obedece, não a mim, mas ao ministro de Cristo. A força daquele que te submeteu à sua cruz, ordena-te. Teme o braço do

---

[202] Nosso Senhor Jesus Cristo.
[203] Cordeiro.

que conduz as almas à luz, após ter vencido os gemidos do Inferno. Que o corpo dessa criatura te cause medo, que a imagem de Deus te apavore. Não resistas. Apressa-te, porque Cristo deseja habitá-lo. Deus, na majestade do Senhor, o Espírito Santo, o sacramento da cruz, a fé nos santos apóstolos Pedro e Paulo e dos outros santos, o sangue dos mártires, a intervenção dos santos e das santas, os mistérios da fé cristã, ordenam-te que obedeças. Sai, violador da lei, sai, sedutor cheio de manhas e de enganos, inimigo da virtude, perseguidor dos inocentes. Por que resistes? Por que temerariamente recusas?

A imprecação continua formidável até o hiato suave de uma nova oração. Depois o padre lê o último e mais tremendo exorcismo.

— Adjuro-te, *omnis immundissime, dirissime*, fantasma, enviado de Satã, em nome de JC, o Nazareno, que foi conduzido ao deserto depois do batismo de São João e que te venceu na tua habitação. Cessa de obsedar esta criatura, que Deus, para sua honra, tirou do limo da terra. Treme, não da sua fragilidade humana, mas da imagem do Todo Poderoso. Cede a Deus que te precipitou no abismo a ti e a tua infâmia, na pessoa do Faraó, por intermédio do seu servidor Moisés; cede a Deus que te condenou no traidor Iscariote...

A imprecação torna-se de uma solenidade colossal. O sacerdote ergue o livro sobre o desventurado possuído:

— Os vermes esperam-te a ti e aos teus. Um fogo devorador está preparado por toda a eternidade, porque tu és a causa do homicídio maldito, o organizador do incesto, o organizador dos sacrilégios, o instigador das piores ações, o que ensina a heresia, o inventor de tudo quanto é obsceno. Sai, ímpio, sai, celerado, sai com as tuas mentiras, porque Deus quis fazer seu templo neste corpo. Obedece ao Deus diante do qual se ajoelham os homens: cede o lugar a NSJC que derramou o seu sangue sagrado pela humanidade; cede ao Espírito Santo, que pelos seus bem-aventurados apóstolos venceu-te no mago Simão, que condenou as tuas infâmias em Ananias e Safira, que te curvou em Herodes, que te cegou no mago Elyma. Sai agora, sai, sedutor. O deserto é a tua morada, a serpente a tua habitação. Eis que aparece Deus, o Senhor; o fogo arderá os inimigos se não fugirem. Se pudeste enganar um homem, não poderás embair Deus. Escorraçar-te-á o que tem tudo em seu poder, far-te-á sair o que preparou a geena[204] eterna, aquele de cuja boca sai o gládio agudo, que virá julgar os vivos, os mortos e o século pelo fogo.

E, enquanto a endemoninhada, flexuosa,[205] praguejando, batendo o crânio, expectora Satanás, os *pater*,[206] os salmos envolvem-na. Quando ela cai prostrada, salva, o triunfador grita:[207]

— Eis-te refeita, santa. Deixa de pecar para que te não aconteçam outros desastres. Vai para casa e anuncia

---

[204]Fogo do inferno.
[205]Serpenteante; que ondula como uma serpente.
[206]No texto: a oração *pater noster* (Pai-nosso).
[207]No original, este parágrafo começa tratando o sujeito no plural, e subitamente, adota o singular. Por se tratar de um erro muito grave, foi uniformizado com sujeito e verbos no singular.

aos teus as grandes coisas que Deus fez por ti e toda a sua misericórdia...

Eu tinha acabado de ler o latim iluminado. Frei Piazza, muito doce, murmurava:

— Há outras formas de exorcismo que invocam os santos, a Virgem...

— Mas, Superior, há mesmo muitos casos aqui?

— Não imagina! Principalmente nas classes baixas, sem limpeza. O Diabo ama a imundície. É quase incrível. Esses fenômenos, que a espiritolatria tem por novos, são nossos conhecidos, há muito tempo explicados. Há criaturas que se dobram em dois, que se tornam sábias de repente, gritam em línguas desconhecidas, têm uma força enorme. Ainda há três dias tive dois casos, não acredita?

— Se eu conheço o caso da Gamboa em que um sacerdote não se pode aproximar da possessa, de tal modo ela coleava!

— A mim aconteceu fato idêntico. Era uma virgem. Cuspia no crucificado, com os braços em cruz, dobrava em dois, dizia a vida dos outros e de repente começou a arregalar os olhos... ficaram como duas brasas os olhos, as pálpebras a dilatarem-se, dilatarem-se. Eu estava vendo-as arrebentar, mas tão horrível era o quadro que não tive coragem... Cada palavra do *Rituale* arregalava-lhe mais o olhar pavoroso. É um capítulo infindável a peregrinação pelos bairros pobres. Casos estranhos! Não conhece a Cabocla, uma mulher que comanda 250 espíritos? Esta criatura, onde está, os móveis caem, há rumores, quebram-se os vasos. Também não para. Ela diz que já nasceu com os espíritos e não os quer tirar. Ainda outro dia encontrei-a no Catumbi...

Eu já conhecia esse ser satânico e inédito, a Cabocla, já a vira escabujando[208] enquanto os móveis caíam e as portas fechadas abriam-se com estridor. Era verdade.

— Mas há amuletos preservativos do Diabo? — perguntei tremendo.

— Basta a Cruz de São Bento. As iniciais da medalha dizem ao alto: *Ipse Venena Bibus*; do lado esquerdo: *sunt mal, quae libas*; do lado direito: *vade retro, Satanas*; embaixo: *non suads mihi vana*. Ao centro a frase: *non draco sit mihi dux*; da esquerda para a direita, em forma vertical, de cima para baixo: *crux sancta mihi lux*; e nos quatro cantos: *crux, sanctis, patris, benedicti*...

Estava dando uma hora. Através do convento os relógios repetiam interminavelmente a hora solitária. Erguemo-nos, e ainda algum tempo ouvi embevecido a pureza da crença.

Na sexta-feira, porém, de madrugada, fui outra vez ao Castelo certificar-me. Vinha nascendo o dia. No éter puro os sinos desfiavam as notas claras e era como se os sons fossem acordando pela montanha os ecos da vida. Cabras surgiam das sombras, mastigando a relva úmida, e no alto uma estrela ardia a morrer. Vi então subindo a encosta, desde essa hora, a teoria[209] das beatas, homens amparando mulheres de faces maceradas, mantilhas

---

[208]Espernear.
[209]No texto: procissão religiosa.

pretas escondendo rostos dolorosos, corpos dobrados em dois, tremendo, o bando das possessas modernas galgando o cimo do monte para arrancar a alma a Satanás; o delírio diabólico, a fé, a angústia, o mal... E na cor suave da aurora, aquele convento simples, donde saía a harmonia dos sinos, surgiu-me como o bálsamo do Bem, o gládio do Senhor solitário e único em meio da Descrença Universal — último auxílio de Deus às almas do Diabo...

Quando descia, outros crentes, outras demoníacas iam subindo na luz do sol para a Lourdes espiritual que os sinos proclamavam. E, recordando a visão tenebrosa desse turbilhão angustioso que escabuja nas casas espíritas e nas igrejas sob o domínio de Satanás, ergui os olhos ao céu, e louvei a glória de Deus no seu imperecível fulgor...

AS SACERDOTISAS DO FUTURO

O futuro é o deus vago e polimorfo que preside aos nossos destinos entre as estrelas, o incompreensível e assustador deus dos boêmios[210] nas caravanas da Ásia, a força oculta, o perigo invisível. Hugo e Alencar acreditavam nessa divindade, e não há entre os deuses quem maior número tenha de sacerdotes e sacerdotisas.

Só os cultores do Futuro podem modificar a fatalidade, afastar a morte, sacudir o saco de ouro da fortuna, soltar o riso da alegria na tristeza dos séculos. As sacerdotisas do deus tremendo infestam a nossa cidade, tomam conta de todos os bairros, predizem a sorte aos ricos, compõem um mundo exótico e complexo de cartomantes, nigromantes, sonâmbulas videntes, quiromantes, grafólogas, feiticeiras e bruxas.

Essa gente cura, salva, desfaz as desgraças, ergue o véu da fortuna, faz esperar, faz crer, vive em prédios lindos, em taperas, em casinholas — é o conjunto das pitonisas modernas, as distribuidoras de oráculos; em meio tão

---
[210]No texto, sinônimo de ciganos.

variado há de haver ignorantes — a maioria — cartomantes que veem nas cartas caminhos estreitos e caminhos largos e não sabem nem distribuir o baralho, sonâmbulas falsificadas, portuguesas e mulatas que se apropriam dos moldes dos africanos, e mulheres inteligentes que conversam e discutem.

Frequentei os templos do futuro. Só em uma semana visitei 80, encontrando-os sempre cheios de fiéis. O calidoscópio alucinante das adivinhas faz a vida livremente. Em algumas casas encontrei três ou quatro, girando sob uma única firma.

Só na rua do Hospício, por exemplo, há cinco ou seis. Nos outros pontos conversei com m^{me} Jorge, na rua da Ajuda; a Liberata, na rua da Alfândega; a Joana Maria da Conceição, na rua Figueira de Mello; a Amélia de Aragão; a Luísa Barbada, na rua Barão de São Félix; a Amélia do Pedregulho; a Amélia Portuguesa; a Cândida; a m^{me} ..., da rua dos Arcos, 4; a Ximenes, da rua da Prainha, 19; Maria de Jesus, na rua Dr. Maciel, 7; Castorina Pires, em São Diogo; a Amélia, da rua do Lavradio; *doña* Martins, da rua Mariz e Barros; a Alexandrina, da rua da América; m^{me} Herminie, na rua Senador Pompeu; Maria Baiana, na rua da Costa; a Genoveva, na rua Visconde de Itaúna; d. Z...., na rua da Imperatriz, 15; a Corcundinha, célebre adivinha de atores e de repórteres, nos deixa um ror infindável. Todas falam do seu desinteresse exigindo dinheiro e algumas vendo o futuro nas mãos, nem ao menos sabem as linhas essenciais segundo o engraçadíssimo Desbarolles. A observação nessas casinholas é incolor.

Fica-se entre os feitiços dos minas e a magia medieval, numa atmosfera de burla.

Mas é lá possível não acertar às vezes? A vida humana tem uma linha geral. Tanto amam as heroínas de Bourget[211] como as lavadeiras, gozam e gostam de ser gozados os frequentadores da *haute-gomme* como os dançarinos dos becos esconsos.[212] As vidas têm uma parecença em bloco, uma uniformidade de sentimentos. Por mais ignorantes que sejam, as sacerdotisas têm o hábito da observação, indagam da vida antes, em conversa. Muitas chegam a perguntar:

— Vem por dor ou por amor?

E como sabem perfeitamente quando se dirigem a um cavalheiro, a uma dama, às cocotes ou aos rufiões, as suas respostas acertam. É um exercício de atenção, antes de tudo, com cenários e pedidos sugestivos. Uma delas recebe velas de sebo, terminada a consulta; outras, peças de chita. A turma dá-lhes dinheiro, e sussurra os seus segredos nos ouvidos dessa gente que são como abismos de discreto silêncio.

Na peregrinação pelos templos do Deus Futuro guardo como originais uma casa de cartomancia na rua do Ouvidor entre as modistas do tom e a elegância máxima; a Ceguinha vidente da rua da Misericórdia; a Rosa que olha na água e é astróloga; m^{me} de F. sonâmbula numa rua paralela à praia de Botafogo; a Corcundinha da rua General Câmara e a esquisita m^{me} Mathilde do Catete.

---

[211]Paul Bourget (1852-1935), escritor francês de romances psicológicos.
[212]Escondidos.

A Ceguinha tem a face macerada e é a exploração de quatro ou cinco. Vive numa cadeira, com os olhos cheios de pus. O grande Deus fez-lhe a treva em torno, para melhor ler a sorte dos outros nos meandros do céu. Dizem que os agentes da polícia vão lá para saber o paradeiro dos gatunos e que gatunos vão a ver se escapam. Imóvel como um santo indiano à porta da imortalidade, a Ceguinha, com a mesma ductilidade,[213] desvenda-lhes o futuro. A Ceguinha curva-se, e pinta o destino com a mesma calma dolorosa.

A Rosa, com as fontes saltadas, o que em magia se chama Cornos de Moisés, é um assombro de observação. Esse exemplar único de astrolatria conhece mesmo algumas práticas antigas. Quando a fomos procurar, olhou-nos bem.

— Por que veio, se nunca acreditará?

— Estou numa situação difícil.

— Ouça a voz de Deus.

— Mas a minha alma sofre.

— O homem tem muitas almas...

— Mas se posso saber o futuro na água?

— A água é onde se miram os astros que têm a vida da gente.

— Como se consulta?

— Vendo... Alguns astros de outrora não têm mais importância hoje: outros receberam-lhe a força. Os meus horóscopos são certos; o destino ordena-me. Mas eu só falo com os homens que a dor faz tristes e crentes.

---

[213]Contemporização, facilidade em adaptar-se a novas situações.

A Corcundinha, discípula de uma Josefina, tem uma fama tão grande que chega a deitar cartas por dia, às vezes para mais de 50 pessoas. Cada consulta custa cinco mil-réis e ela só anuncia coisas lúgubres.

Mme de F... esteve na Inglaterra; em estado natural discute o psiquismo, e quando sonambulizada aparece numa túnica preta. Dizem que predisse os acontecimentos da nossa polícia e prevê um futuro desagradável da pendência brasileira com o Peru. É lúgubre. À roda que a frequenta, dá-se como ultrachique.

Mme Mathilde, a cartomante do *high-life*, já teve criados de casaca e possui uma linda galeria de quadros. De todos os templos, o dessa senhora é o mais excêntrico. Mme Mathilde, para os íntimos é a princesa Mathilde, é uma criatura que fala com volubilidade.

Há alguns anos foi a Paris, onde estudou com Papus e m^{me} de Thébes. Conhece a cartomancia, a telepatia, o sonambulismo, a metafísica das estrelas, a quiromancia, coisas complicadas de que faz uma interessante confusão. Além de tudo isso, a princesa é crítica de pintura e interessa-se pelo movimento universal. Quando me anunciei, a agradável dama mandou iluminar o seu salão de visitas, e entre as colchas japonesas, os quadros de valor, os bibelôs do Oriente e as peles de tigre, fez a sua aparição.

Vinha de vestido vermelho, um vestido de mangas perdidas, donde os seus braços surgiam cor de ouro, e vinha com ela a essência capitosa de 20 frascos de perfume.

Mme Mathilde embalsamava.[214] Deixou-se cair num divã, passeou com as mãos pelo ar e disse:

— Estou cansadíssima. Se não me mandasse dizer quem era, não o teria recebido. Simpatizo com o seu ser.

Curvei-me comovido.

— Não podia falar das sacerdotisas do futuro sem ouvi-la.

— Já tem percorrido o Templo do Grande Deus?

— Alguns. Visitei 80, e há para mais de 200.

— Há templos de ouro, de prata, de cobre e de latão.

— Guardei para o fim o melhor.

— Meu caro, os verdadeiros templos do futuro são de data recente entre nós. A sorte começou a ser descoberta aqui por negros da África imbecis e por ciganos exploradores. Depois apareceram as variações espíritas, os adivinhos que montavam casinholas receosas, reunindo ao estudo das cartas a necessidade dos despachos africanos. Uma crendice! As verdadeiras sacerdotisas datam de pouco tempo, são de importação e anunciam. Essas não se ocultam mais e dão consultas claramente.

— Como em Paris?

— Como em Paris. Não lhe falo de Papus, de quatro ou cinco sonâmbulas de fama universal, mas apenas da minha ilustre professora m^me de Thébes. Mme de Thébes, em Paris, é uma necessidade mundana como o clube, as *premières*, o *grand prix*.

---

[214]No texto: alguém que recende a perfume.

Vai-se a m^me de Thébes como se joga uma partida de *boston*.[215] É uma necessidade elegante. Mme de Thébes tem hoje uma fortuna.

— E erra sempre.

— Nunca.

— É sacerdotisa por vocação?

— Sempre estudei as ciências ocultas por diletantismo. Das ciências ocultas saíram as ciências exatas, disse um grande mestre. Desde criança amei a Antiguidade, tive o desejo de remontar a Zoroastro,[216] ao Zend-Avesta e aos Magos, com o prazer de descansar à beira do Nilo, de conhecer Plotino[217] e os livros herméticos.

Depois, sempre fui dotada de uma grande força nervosa. Uma vez, levando amigas à casa de uma sonâmbula, resolvi estudar os truques das mercadoras e daí a minha conversão.

Nesse momento, como a profetisa ria, estendendo as mãos, vi-lhe na sinistra vários anéis complicados, e prendi-lhe os dedos, curioso das joias e da mão.

— Está vendo os meus anéis? Este é africano, partido. Tem os signos do zodíaco, o tempo. Este outro guarda no

---

[215]Jogo de cartas disputado entre quatro parceiros, utilizando um baralho completo e fichas.

[216]Místico persa do século VII A.C., Zoroastro (ou Zaratustra) foi o fundador de uma religião caracterizada pela oposição irreconciliável entre os princípios da Luz e do Bem, contra os das Trevas ou do Mal; seu pensamento influenciou muito a tradição judaico-cristã.

[217]Filósofo neoplatônico da Escola de Alexandria (204-270), cuja doutrina procurava fundir os princípios do paganismo e do cristianismo.

fundo um berilo, por onde se enxerga a alma. Naturalmente é descrente?

— Sou filho de uma civilização muito parecida com a daquele imperador que precavidamente levantava templo aos deuses desconhecidos. Há em tudo alguma coisa a temer: o inexplicável. A história é uma afirmação de oráculos, de sonambulismo, de predições...

Eu guardara com religião a mão da pitonisa; m^{me} Mathilde, porém, ergue-se, agitando os seus perfumes.

— E não teme? E não lhe parece sugestivo este interior? Não receia que daquele canto escuro surjam fantasmas, que, agarrando a sua mão, leia nessas linhas a desgraça irremediável?

— Se for assim — disse docemente — que se há de fazer? É a vontade do futuro...

— Pois, meu caro, pode ter a certeza de que não somos nós as sacerdotisas do terrível destino, somos as Consoladoras, a Teoria do Bem, as Sofredoras da Ilusão. Não sorria. Sem nós, que seria das cidades? Os senhores andam à cata do documento humano. Nós temos à mão, todos os dias, as tragédias, os dramas e as comédias de que se faz o mundo. À nossa casa vêm as mulheres ciumentas, os que desejam a morte e os que desejam amor. Os adultérios, os crimes, os remorsos, a luxúria, as vergonhas fervilham. Nós consolamos. Diariamente, nas casas que tomou o número para indicá-las à polícia, encontram-se os conquistadores, os homens bem vestidos de que a polícia ignora os meios de vida, os senadores, os deputados, as pessoas notáveis, as atrizes, as cocotes, as senhoras casadas, os imbecis propondo coisas indecorosas e as damas dolorizadas. Nós a todos damos o favo da ilusão... Quando morre meu pai? Meu marido abandona-me? Será minha a mulher de Sicrano? Fulana é fiel? Realiza-se o negócio? E nós aquietamos os instintos com o lenitivo do bem. Ainda há pouco tempo, entrou por esta sala uma menina em prantos. Era domingo. Não deito cartas aos domingos. Neguei-me. Soluçou, pediu, ajoelhou. Logo que a vi, percebendo a sua agitação, espalhei as cartas ao acaso. A menina vai cometer um desatino! Ela olhou-me espantada. Sim, ia dali suicidar-se, porque a abandonara o amante, grávida e sem trabalho. Fiz as cartas dizerem que o amante voltava e a pequena não morreu.

— Cartas salvadoras!

— Dias antes aparecera-me um marido a interrogar-me a respeito do seu *ménage*,[218] destruído por incompatibilidade de gênios. Ela escrevia-lhe cartas pedindo para voltar. Que devo fazer? Voltar! Mas teve amantes! É boa. Abandonada sem saber trabalhar e sem recursos, queria o senhor que a pobre morresse? Depois foi-lhe o senhor fiel? Não! Era lá possível a ela deixar de ter um amante?...

— Ou mesmo dois?

— Ou três, não vai ao caso. Ele refletiu e vivem os dois bem. Quantos desmandos evitamos, quantas desgraças, quantos escândalos! Recorda-se da história do Oráculo de Delfos? É a história da prudência, de ser ambíguo para não se enganar. A nossa é muito mais difícil.

---

[218] Lar.

— Mente com franqueza.

— Diz verdades e consola. Muitas das minhas clientes vêm aqui apenas como um consolo. Contam as mágoas e vão-se.

— Que trabalho deve ter!

— Faço experiências até altas horas com o meu criado Júlio, e vou às estalagens, aos cortiços, ler grátis nas mãos dos pobres. Não imagina como sou recebida! Deito cartas, leio nas mãos. É o estudo em que procedo sem perguntar para ter a certeza. E é certo! Adivinho coisas de há quatro e cinco anos passados, chego e descrevo as roupas das pessoas distantes e prevejo. A previsão é de resto uma faculdade que desenvolvi.

— É feliz?

— Tudo quanto quero, faço.

— Tem talvez a alma de algum mágico antigo...

Mme Mathilde recostou o seu corpo elegante.

— Não: tive três vidas apenas. Da primeira fui físico, da segunda advogado e na terceira odalisca...

Oh! Mistério! A sacerdotisa possuía o saber dos físicos, falava como um advogado e naquele momento tinha a inebriante doçura das odaliscas.

Peguei-lhe a mão e disse baixinho:

— Já um ocultista me afirmou que fui Nero e depois Ponce de Leon...[219]

Ela riu um riso perolado.

---

[219] Juan Ponce de Léon (1460-1521), conquistador espanhol; foi governador de Porto Rico e descobridor da Flórida.

— Ponce atraído pelo mistério das mãos.

— Pela beleza...

— Todos nós temos a atração das mãos. A mão é um resumo do céu. Cada astro tem a sua parte. Júpiter é o índex, Saturno, o médio, o Sol, o anular, Mercúrio Hermes, o mínimo. A Lua tem a região do sul, Marte todo o meio, onde se dão os combates da vida, e Vênus, o grande monte.

— É este o mais trabalhoso.

— Quase sempre.

Ergui-me, e vi numa outra sala, forrada de esteiras da Índia, um oratório onde ardiam lamparinas. Os santos, sob o halo de luz, que a ciência explica pelos raios n, como o reforço da atenção, tinham um olharzinho redondo e inexpressivo. Que diriam os coitados, Santo Deus do Futuro?

— Neste meio de adivinhas, quiromantes e sonâmbulas é melhor ser impassível, dizia m^{me} Mathilde. — Às vezes protegem amores, são casas ambíguas.

— Mas as suas experiências?

— Pratico o sonambulismo como as cartas, a telepatia e a quiromancia, indo diretamente à alma que nós temos no fundo. Tudo é domínio. As últimas experiências do meu domínio tive-as com o conhecido pintor Helios Seelinger.[220] Curei-o uma vez com água magnetizada. Desde então dizia-lhe: "Às duas horas de tal dia o senhor sofrerá um choque." Era tal qual. Noutro dia sofria o choque. Fui eu de resto que lhe desvendei o futuro e a sorte nas mãos.

---

[220] Pintor simbolista brasileiro, nascido em 1878 e falecido em 1965.

— E a transmissão do pensamento?

— Já em Botafogo transmiti ideias a criaturas no Engenho Novo. Conhecem essas experiências poetas como Luiz Edmundo,[221] o Padre Severiano de Resende,[222] pintores como Amoedo.[223] A minha amiga dona Adelina Lopes Vieira também as conhece.

Lembrei-me então de que m^me Mathilde era também literata.

— Mas as cartas?

— Quer vê-las?

Tocou o tímpano, apareceu um pequeno louro com um sarcófago de prata em relevo. Mme Mathilde — a princesa para os íntimos — abriu-o com cuidado, e de dentro numa sombria apoteose de ouros e cores, as cartas do tarô, a *papesse*,[224] o doido, o ás de ouro, o enforcado, o *bateleur*[225] escamoteador, surgiram tenebrosamente.

Mãos estendiam moedas de ouro, o ouro cintilava, em altos montes figuras sinistras apareciam. E estava ali a consolação universal, a consolação dos pobres e dos potentados! Nas mãos delicadas da feiticeira último grito[226] rolava numa série de iluminuras a miragem enganadora

---

[221]Célebre cronista carioca (1878-1961), autor de *O Rio de Janeiro do meu tempo* e *O Rio de Janeiro no tempo dos vice-Reis*.
[222]Poeta simbolista brasileiro (1871-1931), natural de Minas Gerais.
[223]Rodolfo Amoedo (1857-1941), importante pintor baiano da escola acadêmica.
[224]Papisa.
[225]No Brasil, esta carta do tarô se chama Louco (ou Bobo).
[226]Último grito: aquilo que está na moda.

do futuro. Ela estendia as cartas nas luzes e eu recordava a origem antiga dessa doce ilusão, a vinda dos Boêmios.

— Quem sois vós?

— Sou o duque do Egito e venho com os condes e barões.

— Quem vos traz?

— A que precede o nosso cortejo e lê nos livros coloridos de Hermès o destino do mundo, a rainha das cabalas, a sublime senhora do fogo e do metal! E em frente à multidão abriam o tarô como quem rasga o céu, o consolo infinito dos boêmios.

Eu estava ali como os camponeses da época de Carlos VI[227] diante da senhora do metal, apenas, tanto a rainha como eu, um tanto mais descrentes.

Então, curvei-me, depus o beijo que há muito sentia nos lábios, o beijo da devoção, na sua mão perfumada.

— Como em Paris! — fez ela, deixando que os meus lábios roçassem a extremidade dos seus dedos.

— Como na hora de sempre — murmurei — o Medo diante do Futuro.

---

[227]Rei de França; enfrentou uma famosa revolta camponesa; nasceu em 1380 e faleceu em 1422.

A NOVA JERUSALÉM

A sede da Nova Jerusalém, anunciada pelo Apocalipse, fica na rua Maria José, nº 10. É uma casa de dois pavimentos, muito alta, pintada de vermelho escuro, que assenta à beira da rua Colina como uma fortaleza.

De longe parece formidável aos reflexos do sol, que queima todas as vidraças, e reverbera nas escadas de pedra; de perto é solene. Abre-se um portão, sobe-se uma das escadas, abre-se outro portão, dá-se num pátio que termina para a frente em estreitas arcarias ogivais e perde-se ao fundo num jardim obumbroso.[228] Desse pátio vê-se o declive das ruas que descem, e vagos trechos da cidade.

Antes de bater, olhamos ainda a casa alta. Detrás daqueles muros viceja a religião de Swendenborg,[229] a nova igreja, a verdadeira compreensão da Bíblia; detrás daqueles muros, iluminados da luz da tarde, guarda-se a chave com que tudo

---
[228] Sombrio.
[229] Emanuel Swendenborg (1688-1772) — cientista e filósofo sueco, interessado nas relações entre o homem e o mundo sobrenatural; seus seguidores fundaram uma seita, o swendenborgismo.

se pode explicar neste mundo. "Eu sou o Deus", disse Jesus a Swendenborg, "o Senhor, o Criador e o Redentor, e te elegi para explicares aos homens o sentido interior e espiritual das Escrituras Santas. Ditar-te-ei o que escreveres!"

Subimos mais uma escada de pedra nua, no patamar da qual nos recebe o sr. Frederico Braga. Esse cavalheiro amável é uma espécie de diletante dos cultos. Dizem que já foi até faquir, fazendo crescer bananeiras de um momento para outro. Neste momento, porém, limita-se a fazer-nos entrar para uma sala simples e, enquanto nós vagamente o interrogamos, passeia da porta para a janela.

— O pastor está aí — diz de repente. Ninguém melhor do que ele pode informar.

O pastor é o sr. Levindo Castro de la Fayette, que aparece logo. Homem de fisionomia inteligente, falando bem, com o ar de quem está sempre na peroração[230] de um discurso interrompido por apartes, o pastor agrada. Há decerto nos seus gestos um pouco de morgue,[231] o íntimo orgulho de ser o profeta de uma religião de intelectuais, de espalhar pela terra a palavra do maior homem do mundo, que tudo descobrira na ciência terrestre e vira Deus na terra celeste.

O sr. de la Fayette consulta o oráculo brilhante, fala da conquista da Nova Igreja através do mundo, fala torrencialmente. É a história do swendenborgismo desde a morte do grande visionário, desde a defesa de Thomas Wright e Roberto Hindmarsh, que demonstraram o perfeito estado

---

[230]Última parte de um discurso; conclusão.
[231]No texto, atitude de soberba e menosprezo.

mental do mestre, até à reunião dos adeptos de Swendenborg, em Londres, em 1788, donde começou a expansão do culto novo que agora aumenta diariamente na Áustria, na França, na Inglaterra, na Austrália, nos Estados Unidos, com igrejas novas e novos adeptos. Pode-se calcular em 120 mil o número de crentes.

O sr. Frederico Braga mostra-nos as revistas alemãs e inglesas, o *New Church Messenger*, a *New Church Review*, onde vêm reproduzidas em fotografias as fachadas dos novos templos através do mundo.

— A verdade caminha! — diz o pastor — e leva-nos à sala onde se realizam as reuniões dos swendenborgianos. É no primeiro pavimento, na frente, uma sala nua. Ao centro uma grande mesa, rodeada de cadeiras com uma cadeira mais alta para o pastor. Ao lado a biblioteca, onde se empilha a obra interminável de Swendenborg, desde a *Arcania caelestia* até o *Tratado do cavalo branco do Apocalipse*.

A Nova Jerusalém do Brasil data de 1898. Foi seu fundador o próprio de la Fayette, e isto devido a revelações que recebera em Paris alguns anos antes. É o caso que o pastor, nesse tempo simples professor de português num instituto parisiense, foi nomeado chanceler do consulado-geral do Brasil na França. Essa função fê-lo desejoso de conhecer a verdade espiritual, e, para que a verdade brilhasse, de la Fayette observou logo um rigoroso regime de temperança em todas as coisas... Swendenborg, cavaleiro da Ordem Equestre da Suécia, que de tudo escrevera e falara, só em 1745 teve a revelação de que estava talhado para explicar os símbolos da Bíblia. Mas Swendenborg comia muito.

A primeira vez que os espíritos invisíveis lhe falaram foi durante um jantar. O filósofo engolia vorazmente no quarto reservado de um hotel, onde à vontade devorava e pensava, quando sentiu a vista se lhe empanar e répteis horríveis arrastarem-se pelo soalho. Os olhos pouco tempo depois recobraram a visão perfeita e Swendenborg viu, distintamente, no ângulo da sala, um homem com o seio em luz, que lhe dizia, paternalmente:

— Não comas tanto, meu filho!

De la Fayette não precisou desse celeste conselho. Praticou-o antes da revelação; e foi por isso que, meses depois, começou, durante o sono, a receber ensinamentos do mundo espiritual a respeito da palavra de Deus. Desde esse tempo o sr. Levindo foi guiado pelo céu, e chegou até a Biblioteca Nacional.

— Que livro hei de pedir? — interrogou aos seus botões o homem feliz.

— Pede Swendenborg! — bradaram os espíritos bons de dentro do sr. Levindo.

O iluminado pediu a *Arcania caelestia*, em latim, porque além de cinco línguas vivas, lê correntemente a língua em que Catulo escreveu tão belos versos e tão sugestivas patifarias. Leu os *Arcania*, foi à igreja da rua Thouin, conversou com m^me Humann que o recebeu inefavelmente doce, e meses depois, era batizado na nova igreja.

Em agosto de 1893, o sr. de la Fayette, que é mineiro, veio para o Rio, mas quando aqui chegou a revolta estalara,[232] havia o estado de sítio, e não teve remédio senão

---

[232] Revolta da Armada contra o presidente Floriano Peixoto.

abalar para as montanhas do seu estado. A cidade de Lamim, em Minas, foi onde primeiro se falou no Brasil da Nova Jerusalém.

De volta ao Rio, o pastor fez um adepto, o sr. Carlos Frederico Braga, também mineiro. A adesão foi rápida. O sr. Carlos concordou logo com o sr. de la Fayette, como concordava naquele instante em que eu os ouvia. Daí por diante Levindo foi o texto do credo e Carlos Frederico o comentário entusiasmado. Esses dois homens atiraram-se pela cidade a explicar a Nova Jerusalém, a fazer compreender pelos homens inteligentes as sagradas interpretações do prolixo Swendenborg, escritas sob as vistas de Cristo Deus, que é um só. Quatro anos depois reuniram na rua Minervina 50 swendenborgianos, fundando duas sociedades: a Associação de Propaganda da Nova Jerusalém, pela imprensa, conferências e leitura das obras do mestre; e uma sociedade de beneficência para auxiliar os irmãos brasileiros.

Um jornal, *A Nova Jerusalém*, foi logo publicado e existe há oito anos; o círculo da propaganda aumentou, amigos em viagem levaram a notícia ao Pará, ao Rio Grande do Sul, a Minas e, afora esses adeptos, cerca de 200 swendenborgianos reúnem-se aos domingos para ouvir de la Fayette narrar o símbolo de Adão, explicar o sentido único de cada palavra em todos os livros da Bíblia e louvar Swendenborg.

— Swendenborg! Eu não preciso dizer-lhe quem foi esse extraordinário espírito que tudo descobriu da terra e do céu. Na sua época, chamou a atenção de grande cérebros como Goethe, Kant, Wesley, de Wieland, Klopstock...

Nós batemos as pálpebras, gesto que Swendenborg considera sinal de entendimento e sabedoria. Goethe pusera o filósofo no *Fausto* com o pseudônimo de Pater Seraphicus; Kant falando dele recorda o cumprimento de seu cocheiro a Tycho Brahe:[233] "O sr. pode ser muito entendido nas coisas do céu, mas neste mundo não passa de um doido." Os outros não tinham sido mais amáveis. Mas para que discutir? O ministro da Nova Jerusalém continuava contando a atenção e curiosidade dos povos modernos pelo extraordinário profeta do Norte. Depois parou.

— O que é, em síntese, a Nova Jerusalém? — perguntou.

Swendenborg, ao morrer em casa de um barbeiro, achava desnecessário receber os sacramentos por ser de há muito cidadão do outro mundo. A respeito dessa região o cidadão escreveu enormes volumes *ex auditis et visis*, isto é, sobre o que vira e ouvira.

Os *Arcania*, o *Tratado do céu e do inferno*, o *Tratado das representações e correspondências*, a *Sabedoria angélica sobre o divino amor*, a *Doutrina novae hierrosalymae*, as *Terras do nosso mundo solar e no céu astral*, até o *Amor conjugal*, com umas máximas arriscadas sobre o amor scortatório,[234] explicaram bem as suas extraordinárias viagens.

Swendenborg esteve no Inferno e conversou com tanta gente que Matter para simplificar fez uma lista cronológica desde os deuses gregos até os contemporâneos; teve relações

---

[233]Astrônomo dinamarquês (1546-1601).
[234]Neologismo derivado da expressão inglesa *scort* (acompanhante), significando amor extraconjugal.

íntimas com os espíritos de Júpiter, de Mercúrio, de Marte e até da Lua, apesar de não simpatizar muito com esses que eram pequenos e faziam barulho. Não foi só. O extraordinário homem viu o Paraíso, ouviu os anjos, esteve com Deus em pessoa. Era natural que compreendesse o sentido das correspondências entre os espíritos dos planetas e o máximo homem, que revelasse ao mundo o sentido íntimo espiritual ou celeste das revelações que até então ficara ignorado.

"A doutrina da igreja atual é viciosa, deve desaparecer" e Swendenborg, com os olhos espirituais abertos, não inovou, elucidou os textos sagrados.

A nova igreja tem um catecismo que explica e resume a Nova Jerusalém e a sua doutrina celeste. Assim o homem foi criado por Deus para amar a Deus e fazer o bem ao próximo. Quem faz mal vai para o inferno, quem faz bem vive com luxo e conforto no reino do céu que, segundo Swendenborg, tem edifícios magníficos, parques encantadores e vestidos bonitos. O homem aprende a fazer o bem nos dez mandamentos. É simples e fácil.

O Senhor, deve o homem julgá-lo o único Deus, em que está encarnada a Santíssima Trindade do Pai, do Filho e do Espírito Santo. A trindade perfaz numa só pessoa a alma, o corpo e o ato da obra. Na Trindade Divina, o Pai é a alma, o Filho o corpo e o Espírito Santo a operação, condensados numa só pessoa: Jesus. É esta a divergência capital do catolicismo. A Nova Jerusalém é o cristianismo primitivo. Os seus membros não têm ambições e ajudam-se uns aos outros, praticando a caridade, o único amor capaz de nos desprender de nós mesmos para nos aproximar de Deus. A regeneração vem da oração. O homem ora só a Jesus, porque o mais é idolatria. Todas as ciências e religiões nada são sem o conhecimento de Deus. Possuidores desse conhecimento, os swendenborgianos têm a chave da interpretação exata de tudo e explicam com harmonia espiritual todas as ciências e todas as religiões.

— Não se podia voltar ao cristianismo, ao tempo em que começou a ser falsificado — diz-nos o sr. de la Fayette. — Seria desconhecer as leis da ordem divina, que teria desse modo perdido quinze séculos, quando esse período serviu para a execução das suas obras sempre misericordiosas. O Senhor anunciou que, na consumação dos séculos, isto é, no fim da igreja atual, viria, "nas nuvens do céu, com poder e glória" fundar outra igreja que não terá fim. Esta igreja é a Nova Jerusalém, que o Senhor instaurou, retirando o véu que ocultava o Verbo...

Escurecia. As trevas entravam pela sala onde o Verbo é revelado. Em derredor, quando abrangia o olhar, via-se a cidade reclinada por vales e montes, preguiçosamente. No céu puríssimo as estrelas palpitavam devagar; pela terra estrelavam os combustores num infinito recamo[235] de luzes.

— Vou aos Estados Unidos — disse o ministro — comprar livros, editar obras minhas para franquear a biblioteca ao povo. A regeneração far-se-á.

E nós descemos o monte, onde, naquela casa de pedra, 200 homens, compenetrados do secreto sentido das correspondências, louvavam todos os domingos Swendenborg, que gozou o Céu, e Jesus, que é a caridade e o supremo amor.

---

[235]Enfeite; adorno.

O CULTO DO MAR

O culto do mar é praticado pelos pescadores das nossas praias. É um culto variado, cosmólatra e fantasista, em que entram a Lua e alguns elementos divinizados.

— Não conheces os nossos pescadores? Gente tranquila. Raramente se agridem e sempre por questão de pesca.

Os pescadores formam um corpo distinto, diverso dos catraieiros,[236] dos marítimos, dessa população ambígua e viciada que anda no cais à beira das ondas perturbadoras. Não há canto da nossa baía que não tenha uma colônia de pescadores. Vivem todos muito calmos, sem saber do resto do mundo. Enfim, uma classe à parte, com festas próprias, que não se afasta do oceano e é unida pelo culto do mar. Os pescadores são os últimos idólatras das vagas. Conversar com eles é ter impressões absolutamente inéditas de moral, de filosofia e de religião.

— Mas essas colônias são brasileiras? — indaguei do meu informante.

---

[236]Diz-se dos que pilotam uma catraia, pequena embarcação de duas proas utilizada para serviços no cais.

— Não. Há colônias só de portugueses, como a de Santa Luzia e de Santo Cristo, de portugueses e brasileiros, como em Sepetiba, de italianos apenas, de brasileiros só. Uma série de núcleos ligados pela crença. São outros homens. Nascem de mães pescadoras, partejadas quase sempre por curiosas,[237] vivem nas praias, nunca as abandonam. Aos quatro anos nadam, aos dez remam, e acompanham os parentes às pescarias, e assim passam a existência, familiarizados apenas com as redes, os apetrechos da pesca e o calão,[238] o pitoresco calão marítimo.

O oceano imprime-lhes um cunho especial, são propriedade do mar. Nunca reparaste nos pescadores? Tem os pés diferentes de todos, uns pés contráteis que se crispam nas pranchas como os dos macacos; andam a bambolear, balouçando como um barco, e a sua pele lustrosa tem o macio grosso dos veludos. A alma dessa gente conserva-se ondeante, maravilhosa e simples.

— Mas os pescadores são cristãos?

— Está claro. Mas cristãos puros é difícil encontrar hoje fora os evangelistas e os sírios.

— Lembro-me da festa de Nossa Senhora, na Lapa.

— É outra coisa.

— Vi em Santa Luzia a devoção de São Pedro.

— Eram promessas de um rapaz que, por falta de meios não a continua. Deixemos Nossa Senhora e São

---

[237] No texto: parteiras amadoras, antigamente muito comuns nas classes baixas.
[238] Gíria específica de um grupo étnico ou classe social.

Pedro. Falo de um culto que emana no íntimo respeito das ondas. Todos os pescadores das praias e das ilhas próximas festejam, sacrificam ao mar e têm um objeto especial de devoção. Não há nenhum que não tema a Mãe d'Água, a Sereia, os Tritões[239] e não respeite a Lua. Conheço três manifestações desse culto. A Mãe-d'Água entre os pescadores de Santo Cristo e Santa Luzia, a da Lua e do Mar e a do Arco-íris.

— O Arco-íris?

— Em Sepetiba. É dos mais completos e dos mais belos, tendo como sacerdote uma mulher.

O Arco-íris, a adoração de um deus que se curva nas nuvens policromo e vago, que ergue das ondas um facho de luzes brandas e desaparece, o terror daquilo que se desfaz, sem que se saiba como! Era uma fantasia! Mas os cosmólatras inventam tanta coisa para perfumar a sua ignorância, que bem podia ser.

— Não há dúvidas — disse o meu amigo. — O Arco-íris é uma antiquíssima divindade, um anúncio dos céus. Lembra-te disso e acompanha-me.

Acompanhei-o durante um inverno muito úmido e muito estrelado. Os pescadores têm um temor incalculável da polícia. Desde que um curioso aparece, guardam segredo das suas crenças e negam toda e qualquer coparticipação em religião que não seja a católica. Como são primitivos e rudimentares, porém, a bondade que têm é

---

[239]Deus marinho da mitologia greco-romana, filho de Poseidon (Netuno).

fundamental, transforma-os e não há nenhum que não acabe confiante e falador, exagerando para espantar os mistérios cosmológicos. Esses mistérios são de uma beleza delicada e antiga, de uma beleza de rapsodos[240] que relembra as fantasias escandinavas e helenas, um montão de lendas e de ritos enervantes. Há nas práticas e nas ideias trechos de Hesíodo,[241] de Cristo e dos pretos-minas, e a gente afunda, quando os quer guardar, num banho de cristal batido pelo sol.

— Quase sempre os diretores das festas, os sacerdotes, não são pescadores. Em Santo Cristo é o padeiro Carvalho, homem de posses — diz o meu amigo. — Os sacrifícios são feitos geralmente à noite.

Vamos os dois interrogar os pescadores. Essa gente teme a Mãe d'Água, tendo a longínqua recordação de que ela aparece vestida de branco seguida de homens barbados de verde. A aparição feminina grita de repente, apaga as luzes na barca, faz as cerrações, afasta os peixes, e às vezes canta.

— Como a Darclée?[242]

— Como as sereias, meu caro. Os pescadores têm que cair no fundo da barca tapando os ouvidos. Ulisses amarrava-se... Para aplacar a deusa do mar, ser impalpável e lindo, os pescadores fazem o sacrifício de um carneiro. Matam o bicho à beira do oceano; o sangue cai numa cova

---
[240]Entre os antigos gregos, aquele que recitava um poema épico.
[241]Poeta grego do século VIII a.C.
[242]Pessoa não identificada, certamente uma famosa cantora da época.

aberta na areia. Depois partem canoas levando pedaços do animal com presentes que deixam cair no fundo da baía com uma oração votiva.

Um rapazola, lindo como o *Apolo* de Belveder, responde às nossas perguntas:

— Eu fui batizado, patrão.

— Mas sabe a história da Mãe d'Água?

— Sei, sim. Aqui, para Mãe d'Água ser boa, fazem-se despachos. Na Ilha do Governador compram tudo do mais fino, põem a mesa à beira da praia, com talheres de prata, copos bonitos, a toalha alva e galinhas sem cabeça, para a santa comer.

— Que diferença há entre Nossa Senhora e a Mãe d'Água? indago apressado.

— Nossa Senhora está no céu. Mãe d'Água é diferente; é a devoção, é como um santo do mar... E sopra-me na cara uma baforada de fumo mau.

O meu amigo, cheio de literatura, declama logo:

— Não compreendes! A água é em toda parte uma religião. O Nilo foi feito das lágrimas de Ísis, o Ganges é o fator da crença da imortalidade, os gregos povoaram o mar de habitantes sagrados.

Lembra-te dos árias[243] ao descer do planalto: "Ó mar, grande laboratório!..." Laboratório da vida da crença.

---

[243]Os árias ou arianos, vindos dos planaltos da Ásia Central, invadiram a Índia, a Pérsia, a Grécia e regiões vizinhas, no final do período neolítico (2500 a.C).

E leva-me a uma outra praia, a compreender como tudo depende do mar e da lua. Ele conhecia um velho pescador, José Belchior. O velho recebeu-o com intimidade e conta-me o que pensa deste mundo. É curiosíssimo.

Para José o mar representa o homem, o princípio ativo. Por isso o mar é superior em tudo à terra, que como a mulher só serve para o descanso. O oceano circunda a terra num longo abraço. O mar só sofre uma influência, a da Lua, que mostra a sua face de 30 em 30 dias e o faz inquieto e a arfar. Nela mora Nossa Senhora com o seu filho, Jesus, e esse doce lampadário de ouro desencadeia os ventos, faz as tempestades, esconde os peixes, baixa as marés e guia as naves. Se Nossa Senhora quisesse, parava a Lua quando ela vem cheia, e tudo seria então magnífico. Como as coisas não são assim, fazem-se promessas, pede-se aos santos para interceder e, nas noites de luar, fazem uma passeata em embarcações com velas de cera acesas na mão e rezando baixinho.

Todas essas pequenas modalidades reúnem-se em Sepetiba no culto geral do Arco-íris. Há festas de três em três meses, despachos simples e uma grande solenidade, que já foi feita a dois de fevereiro e atualmente se realiza em junho, no dia de São Pedro.

Estive lá nesse dia. A sacerdotisa é uma portuguesa reforçada, que se chama Maria Matos da Silva. Só são permitidos na festa pescadores, e os pescadores vão de toda a parte ao culto singular. A casa de Maria da Silva fica mesmo no ponto dos bondes, e nos dias de festa está toda adornada de folhagens e galhardetes. Todos, lavados e de roupas claras, a dona da devoção manda buscar os negros feiticeiros para preparar os ebós e fazer a matança dos animais.

Ela própria deita as cartas para saber quem deve ir levar os sacrifícios e os desejos sutis do Arco-íris.

No interior da casa, onde ardem velas, é proibida a entrada, com exceção dos que tomam parte nos sacrifícios. Em frente, os pescadores bebem, cantam e dançam o cateretê.[244] Se por acaso no céu se curvam as cores do espectro, prosternam-se todos radiosos chamando pelo milagre. O milagre, porém, como todo milagre, é raro.

Maria da Silva tem sempre a seu lado o coronel Rodrigues, velho guarda nacional, que, com os pés metidos em grossos tamancos, sentencia máximas morais para a assembleia. Os pescadores que apanham na rede um boto, levam-no à mulher do culto para preparo do azeite das festas sagradas.

— Vou pela praia, alanhada por um vento álgido. No céu aparecem nuvens, na areia descansam três barcas enfeitadas. Um rapazola guarda-as. É ele quem nos dá informações a respeito da gente que dança. Reina entre estas criaturas uma perfeita amoralidade. Como não há barulhos graves, não se vai à polícia. Conselhos dão os velhos. A mulher serve para procriar, obedece cegamente ao homem, cose, trabalha, é inferior. O macho domina. O respeito aos anciãos existe, porque estes sabem das manhas dos peixes, anunciam as tempestades, ensinam. Quanto ao amor, deve ser muito diverso do nosso...

---

[244]Dança de origem africana, muito difundida no meio rural.

— E as festas, quem as faz?

— Para as festas concorrem todos.

Das três barcas que eu via, a primeira era para o Arco-íris, a segunda para a Mãe d'Água e a terceira acompanharia as duas, formando a trilogia, duas na frente e uma atrás.

O meu amigo, lembrando mitologias diversas, quis saber a razão desse triângulo. O rapaz respondeu apenas:

— É costume.

É costume também pagar em todas as religiões. Tanto os feiticeiros como os condutores das barcas recebem dinheiro. Os remadores pertencentes ao Arco-íris têm seis mil-réis, os da Mãe d'Água, três, e os acompanhadores, nove. À noite, já no céu negro o crescente lunar, depois dos búzios e dos baralhos terem indicado os dias em que não se poderá pescar, começa o sacrifício.

Forçado a ficar de longe, embrulhado num paletó em que tiritava, vi sair da casa da Maria uma teoria[245] de camisolas brancas com as lanternas de azeite de boto na mão, acompanhando dois homens, um vestido de seda, outro, de cetim.

O primeiro era o voga[246] da canoa do Arco-íris, o segundo ia dirigir a da Mãe-d'Água. As canoas foram arrastadas para o mar. Na do Arco-íris iam os mais finos

---

[245]No texto: procissão religiosa.
[246]Remador que se senta à ré das embarcações, marcando o ritmo das remadas.

presentes com os despachos, na da Mãe d'Água, objetos caros e femininos. Quando as canoas partiram em direção ao norte, levando aqueles estranhos remadores vestidos de morim branco, os que ficaram na praia levantaram os braços, e a Maria da Silva, na turba, sorria como quem se desobriga de uma promessa sagrada.

— E ao voltarem, que há? — indaguei ao rapaz.

— Voltam de costas, de frente para o mar, entram assim em casa; os remadores, menos os do Arco-íris, batem com a cabeça no chão, e a festa continua.

— Mas que é o Arco-íris, afinal?

— O Arco-íris indica se a gente está bem com Deus. É um aviso, o sinal da união, o único meio por que o mar se deixa ver... é a crença.

Olhei mais o oceano soluçante sob o vento álgido.

As barcas todas acesas de luzes frouxas perdiam-se na fosforescência lunar; os remadores cantavam, e eu ouvia como a copla[247] de uma barcarola[248] nostálgica. Em frente da casa da Maria, o cateretê delirava e sombras de adolescentes desciam à praia ágeis e finas.

A Maria, sentada, sorrindo, era indecifrável.

E para que decifrá-la? O seu culto era o culto de todas as épocas e de todos os homens. O mar continua a ser o grande mistério. Para os espíritos simples que temem o Diabo

---

[247] Poesia popular espanhola, cantada com acompanhamento de música improvisada.
[248] Canção dos gondoleiros de Veneza; por extensão, qualquer canção de barqueiros.

e guardam na alma crenças acumuladas, só a Lua com a imagem de Nossa Senhora pode explicar a angústia do mar e só as sete cores do arco do céu podem simbolizar o vago mistério da união do oceano e do homem.

O ESPIRITISMO

Entre os sinceros

O marechal Ewerton Quadros esperava um bonde para a cidade, quando um bonde passou inteiramente vazio.

— Por que não toma este? — perguntaram-lhe.

O marechal mergulhou mais a face adunca nas barbas matusalênicas.

— Não é possível. Está cheio de espíritos maus! E, como aparecesse outro inteiramente cheio, agarrou-se ao balaústre e veio de pé até a cidade.

Desde que se deixa a traficância do baixo espiritismo, que se conversa nas rodas intelectuais cultivadas, esse estado alucinante torna-se normal.

Ao subirmos as escadas da Federação, o meu amigo ia dizendo:

There are more things in heaven and earth, Horatio
There are more dreams in your philosophy[249]

---
[249]Versos do *Hamlet* de Shakespeare.

Esses melancólicos versos temerosos do mundo invisível, resumem o nosso estado mental.

Muita coisa há no mundo de que não cuida a nossa vã filosofia, muita coisa há neste mundo invisível...

Já não se conta o número de espíritos ortodoxos, conta-se a atração dos nossos cérebros mais lúcidos pela ciência da revelação. A Marinha, o Exército, a advocacia, a medicina, o professorado, o grande mundo, a imprensa, o comércio têm milhares de espíritas. Há homens que não fazem mistério da sua crença. Os generais Girard e Piragibe, o major Ivo do Prado, o almirante Manhães Barreto, Quintino Bocaiuva, Félix Bocaiuva, Eduardo Salamonde, os drs. Geminiano Brasil, Celso dos Reis, Monte Godinho, Alberto Coelho, Maia Barreto, Oliveira Meneses, Alfredo Alexander proclamam a pureza da sua fé. A Federação tem 800 sócios e ainda o ano passado expediu oito mil receitas.

Os que não praticam a moral, aceitam a parte fenomenal. É ao chegar a essa esfera que se começa a temer a frase do católico: "O espiritismo é um abismo encantador; foge ou de lá nunca mais sairás." Se na sociedade baixa, centenas de traficantes enganam a credulidade com uma inconsciente mistura de feitiçaria e catolicismo, entre a gente educada há um número talvez maior de salas onde estudam o fenômeno psíquico e a adivinhação do futuro, com correspondência para Londres e um ar superiormente convencido.

Decerto, a frivolidade que faz senhoras elegantes citarem poetas franceses e conversarem de ocultismo nos *gutters*[250] invernais, faz de algumas dessas sessões um divertimento idêntico à lanterna mágica e ao *lawn-tennis*:[251] decerto há entre os mais convictos Bouvard, Pécuchet[252] e mesmo o conselheiro Acácio;[253] mas, frívolos e tolos foram sempre meios inconscientes de expansão de uma crença, e o espiritismo científico deles se serve para triunfar...

Nas rodas mais elegantes, entre *sportsmen* inteligentes, lavra o desespero das comunicações espíritas, como em Paris o automobilismo.

Ainda há alguns meses senhores de tom, ao voltarem do Lírico, encasacados e de gardênia ao peito, comunicaram-se no hotel dos Estrangeiros com as almas do outro mundo, por intermédio de uma cantora, médium ultra-assombrosa.

À tarde, na Colombo, esses senhores combinavam a *partie de plaisir*,[254] e à noite nos corredores do Lírico, enquanto Caruso[255] rouxinoleava corpulentamente para encanto das almas sentimentais, eles prelibavam[256] as revelações sonambúlicas da médium musical.

Esses fatos são raros, porém, e as experiências assombrosas multiplicam-se. Os médiuns curam criaturas a

---

[250]Sarjeta.
[251]Modalidade de tênis jogada na grama.
[252]Personagens do romance homônimo e inacabado de Flaubert (1881), exemplos da imbecilidade humana.
[253]Personagem do romance *O primo Basílio* (1878) de Eça de Queiroz, exemplo do medíocre pretensioso.
[254]No texto: combinar a diversão que se fará posteriormente.
[255]Enrico Caruso (1873-1921), célebre tenor napolitano.
[256]Antegozar.

morrer. Leôncio de Albuquerque, que tratava caridosamente a Saúde em peso, anuncia, sem tocar no doente, o primeiro caso de peste bubônica, e cada vez mais aumenta o número de crentes.

O meu amigo dizia-me:

— Nunca se viu uma crença que com tal rapidez assombrasse crentes. Se o *Figaro* dava para Paris cem mil espíritas, o Rio deve ter quase igual soma de fiéis. O Brasil, pela junção de uma raça de sonhadores como os portugueses com a fantasia dos negros e o pavor indiano do invisível, está fatalmente à beira dos abismos de onde se entrevê o além. A Federação publicou uma estatística de jornais espíritas no mundo inteiro. Pois bem: existem no mundo 96 jornais e revistas, sendo que 56 em toda a Europa e 19 só no Brasil.

— Como se reconhecem as nossas aptidões literárias!

— Não ria. Tudo na terra tem a sua dupla significação.

— E quais são essas revistas e jornais?

— *Mensageiro*, em Manaus, Amazonas. *Luz e Fé* e *Sofia*, em Belém, Pará. *A Cruz*, em Amarante, Piauí. *Doutrina de Jesus*, em Maranguape, Ceará. *A Semana* (*ciências e letras*), no Recife, Pernambuco. *A Verdade*, em Palmares, Pernambuco. *O Espírita Alagoano*, *A Ciência*, em Maceió, Alagoas. *Revista Espírita*, em São Salvador, Bahia. *Reformador*, no Rio de Janeiro. *Fraternização*, *Verdade e Luz*, *A Nova Revelação*, *O Alvião* e *A Doutrina*, em Curitiba, Paraná. *Revista Espírita*, em Porto Alegre, Rio Grande do Sul. *A Reencarnação*, no Rio Grande. O *Allan Kardec*, em Cataguases, Minas Gerais.

— Quem começou esta propaganda no Brasil?

— Homem, o sr. Catão da Cunha diz que os primeiros espíritas brasileiros apareceram no Ceará ao mesmo tempo que na França. A propaganda propriamente só começou na Bahia, no ano de 1865, com o Grupo Familiar do Espiritismo.

Era o espiritismo em família, *ab ovo*, porque quatro anos depois surgiu o primeiro jornal, dirigido pelo dr. Luís Olímpio Telles de Menezes, membro do Instituto Histórico da Bahia. Esse jornal intitulava-se *O eco de além-túmulo*. A propaganda tem sido rápida.

Ainda em 1900, no seu relatório ao Congresso Espírita e Espiritualista de Paris, a Federação acusava adesões de 79 associações e o aparecimento de 32 jornais e revistas de propaganda, entre os quais *O Reformador*, que conta 24 anos de existência.

Basta esse relatório para afirmar a força latente da crença.

— Vamos à Federação, o centro onde se praticam todas as virtudes do espiritismo. Verá com os seus próprios olhos.

A Federação fica na rua do Rosário, 97. É um grande prédio, cheio de luz e claridade. Cumprem-se aí os preceitos da ortodoxia espírita; não há remuneração de trabalho e nada se recebe pelas consultas. A diretoria gasta parte do dia a servir os irmãos, tratando da contabilidade, da biblioteca, do jornal, dos doentes. A instalação é magnífica. No primeiro pavimento ficam a biblioteca, a sala de entrega do receituário, a secretaria, o salão de espera dos consultantes e os consultórios. Seis médiuns psicográficos prestam-se duas horas por dia a receitar, e as salas conservam-se sempre cheias de uma multidão de doentes, mulheres, homens, crianças, figuras dolorosas com um laivo de esperança no olhar.

A casa está sonora do rumor contínuo, mas tudo é simples, caridoso e sem espalhafato. Quando entramos não se lhe altera a vida nervosa. A Federação parece um banco de caridade, instalado à beira do outro mundo. Os homens agitam-se, andam, conversam, os doentes esperam que os espíritas venham receitar pelo braço os médiuns, e os médiuns, sob a ação psicográfica, falam e conversam enquanto o braço escreve.

Atravessamos a sala dos clientes, entramos no consultório do sr. Richard. Há uma hora que esse honrado cavalheiro, espírita convencido, escreve e já receitou para 47 pessoas.

— Há curas? — perguntamos nós, olhando as fileiras de doentes.

— Muitas. Nós, porém, não tomamos nota.

— Mas o senhor não se lembra de ter curado ninguém?

— A mim me dizem que pus boa uma pessoa da família do general Argollo. Mas não sei nem devo dizer. É o preceito de Deus.

Deixamo-lo receitando, já perfeitamente normalizados com aquele ambiente estranho, e interrogamos. Há milhares de curas. A sra. Georgina, esposa do sr. César Pacheco, depois de louca e cega, ficou boa em dez dias; o sr. Júlio César Gonçalves, morador da rua de Santana, n° 26, que tinha o corpo num só dartro,[257] curou-se em dois meses com passes magnéticos; d. Jesuína de Andrade, viúva, quase tísica, em trinta dias salva, e outros, outros muitos.

Que valor têm essas declarações? Os doentes enfileirados parecem crer e o sr. Richard é a fé em pessoa. É quanto basta talvez.

No segundo pavimento, encontramos desenhos de homens ignorantes inspirados pelos grandes pintores. Rafael[258] guia a mão de operários em movimentados quadros de batalhas, e outros pintores mortos, sob incógnito, fazem desenhos extraordinários por intermédio de maquinistas da armada...

Essas coisas nos eram explicadas simplesmente, como se tratássemos de coisas naturais.

— Quando há sessão? — perguntou nosso amigo.

— Hoje, às sete horas. Podem ver, é a sessão de estudo.

Nós ainda olhamos fotografias de espíritos, o retrato de d. Romualdo, um sacerdote que de além-túmulo vem sempre visitar a Federação, e esperamos a sessão de estudo, atraídos, querendo ver, querendo ter a doce paz daqueles entes.

A sessão começou às sete e meia, na sala do segundo andar, toda mobiliada de canela *cirée*[259] com frisos de ouro. Nas cadeiras, cavalheiros de sobrecasaca, senhoras,

---

[257]Termo genérico para as infecções cutâneas do tipo herpes e impingem.
[258]Rafael Sanzio (1483-1520), pintor e arquiteto italiano, um dos mestres da Renascença.
[259]Encerada.

demoiselles. Os bicos *auer* acesos banhavam de luz clara toda a sala, e pelas janelas abertas ouviam-se na rua o estalar de chicotes e gritos de cocheiros.

Sem as visitas do irmão Samuel, ninguém diria uma sessão espírita. Depois de lida e aprovada a ata da sessão anterior, como na Câmara dos Deputados, Leopoldo Cirne, o presidente, que ao começo nos dissera um adeusinho perfeitamente mundano, transfigura-se e a sua voz toma suavidades inéditas.

— Concentremo-nos, irmãos!

Imediatamente todos fechamos os olhos, como querendo concentrar o pensamento numa única ideia. As senhoras tapam o rosto com o leque e têm os olhos cerrados. De repente, como movida por todas aquelas vontades, a mão do psicógrafo cai, apanha o papel, o lápis, e escreve rapidamente linhas adelgaçadas. No silêncio ouve-se o lápis roçando o papel de leve; e é nesse silêncio que o lápis para, o médium esfrega os olhos e começa a leitura da comunicação.

— Paz! Irmãos. Deus esteja convosco. As palavras do filósofo grego: conhece-te a ti mesmo...

É Samuel o espírito que fala, achando que para compreender a vida e o bem é necessário antes de tudo conhecermo-nos a nós mesmos. Leopoldo Cirne não se move.

Quando Samuel termina, ouve-se então a sua voz delicada, trêmula de humildade.

É ele quem faz o comentário.

— Meus irmãos, essas palavras que Sócrates mandou inserir no templo de Delfos...

E esse homem que nós vemos tão correto e tão mundano, gostando de Eça de Queiroz e lendo Verlaine, surge-nos o pastor, o rabi, o iniciador. O seu semblante espiritualiza-se em atitudes estáticas, a sua voz é blandícia[260] mesma que nos acaricia a alma pregando a bondade e a demolição das vaidades. As senhoras ouvem-no ansiosas; ao nosso lado dizem-no inspirado, atuando pelos espíritos. De tal forma é sutil o seu raciocínio, de tal forma desfaz velhas crenças no incensário de um deus espiritual que, decerto, se o atuam espíritos, fala pela sua boca Ponce de Leon.

Ele cala, enxuga a face. Depois, no estudo do Evangelho, no trecho de Jesus com os escribas e fariseus sobre o alimento da alma, de novo a sua voz corre como um fio d'água entre sombras macias, sorvida por toda aquela gente atenta e sôfrega. Leopoldo Cirne acaba num sopro tão baixo que mais parece uma vaga harmonia.

Em seguida fala o sr. Richard, que condena alguns dos nossos males, entre os quais o patriotismo — porque não se pode amar um mais do que outros, quando todos são iguais perante Deus.

— Terminamos o nosso estudo. Não há mais quem queira falar?

Leopoldo Cirne ergueu a loura cabeça de Salvador, fixando os olhos sobre a minha pessoa. Era a atração do abismo, uma explicação indireta, feita como quem, muito cansado da travessia por mundos ignorados, viesse a conversar à beira da estrada com o viandante descrente.

---

[260] Gesto ou palavra de carinho ou ternura.

— O espiritismo — fez ele — ou revelação dos espíritos, sistematizada em doutrina por Allan Kardec, que recolheu os seus ensinos acerca do universo e da vida e das leis que os regem, e com os quais formou as obras ditas fundamentais: *O livro dos espíritos*, *O livro dos médiuns*, *O céu e o inferno*, *A gênese*, *O Evangelho segundo o espiritismo* reúnem o tríplice aspecto da ciência, filosofia e moral ou religião.

Como ciência de observação, estuda, não somente os fenômenos espíritas, desde os mais simples, como os ruídos e perturbações (casas mal-assombradas) e os efeitos psíquicos (deslocação de objetos sem contato) etc., até os mais transcendentes, como as materializações de espíritos (observações de Crookes, Aksakof, Zoellner, sr. Gibier etc.), como também todos os fenômenos da natureza, investigando a gênese de todos os seres, numa vasta síntese, e neles buscando a origem do princípio espiritual, dos estados mais rudimentares aos mais complexos — pois que um germe, um esboço dessa natureza parece constituir a essência de toda forma. Em tais condições, relaciona-se com todos os ramos das ciências humanas: a física, a química, a biologia, a história natural etc., sem esquecer a própria astronomia, por isso que igualmente sonda o universo sideral, as diversas moradas da casa do Pai de que falou Jesus, e que são os mundos habitados, disseminados no infinito.

Ao lado de tais observações, procura fixar as leis do universo e da vida, das quais a da evolução é a chave, estando tudo submetido ao progresso, na ordem física, moral e intelectual.

Como filosofia, sobre esses dados da observação desdobra as mais lógicas induções, partindo do infinitamente pequeno e dos raciocínios mais elementares para o infinitamente grande e até as mais transcendentes consequências, isto é, até a demonstração da existência de Deus.

Sobre aquele princípio da evolução universal, prova com a pluralidade dos mundos a pluralidade das existências da alma, a imanência da lei eterna da justiça, em virtude da qual o espírito, depois de cada existência, colhe as lições da experiência (de resto, permanente na vida cotidiana) e sofre as consequências de seus atos bons ou maus, sendo assim feliz ou desgraçado, trazendo para a outra existência, em uma nova encarnação, as suas aquisições do passado, que se denunciam nas tendências e aptidões inatas, guardando assim latente a reminiscência substancial desse passado, com esquecimento apenas do circunstancial, isto é, dos fatos concretos e dos incidentes, além de tudo porque no cérebro atual só se acham gravadas as impressões dessa nova vida. Tudo o mais está guardado nas profundezas da subconsciência, podendo reaparecer nos estados de sonambulismo e, em geral, em todos os casos de desdobramento — experiências do magnetismo e psicologia transcendental.

Assim prossegue, de vida em vida, a evolução *infinitae* do espírito, sendo-lhe acessíveis todas as perfeições, que conquistará pelo próprio esforço.

Com a evolução dos indivíduos e, por conseguinte, das humanidades, coincide a evolução dos mundos fisicamente, devendo a nossa terra, como todas as do espaço, ao aperfeiçoamento já assinalado das épocas pré-históricas aos nossos dias acrescentar novos e constantes aperfeiçoamentos, em harmonia com essas maravilhosas leis da criação, que constituem o lado mais belo do estudo filosófico do espiritismo.

Como moral ou religião e no sentido de favorecer a realização do seu ideal filosófico, o espiritismo se propõe o restabelecimento do Evangelho de Jesus, que a igreja deturpou e fez cair no olvido.

O seu lema é: Fora da caridade não há salvação. É por conseguinte tolerante e, fiel às máximas cristãs fundamentais: Não faças aos outros o que não queres que te façam; Ama o teu próximo como a ti mesmo. Não hostiliza nenhuma crença, respeitando todas as convicções sinceras.

É, sob qualquer dos seus aspectos, partidário do livre exame, nada recomendando que seja aceito e admitido sem a sanção do raciocínio, porque sabe, com o mestre Allan Kardec, que "a única fé inabalável é aquela que pode encarar a razão face a face, em todas as épocas da humanidade".

O espiritismo, em suma, sabe explicar todas as aparentes anomalias da vida, vem oferecer o conforto e a esperança aos que sofrem, aos que erram e se transviam no mal, cedendo às suas múltiplas ciladas; vem esclarecer acerca das suas responsabilidades, dando à vida um objetivo alto, nobre e digno, sobranceiro às torpes materialidades e às transitórias vicissitudes; aos que procuram lealmente a verdade proporciona um ideal que ultrapassa as mais exigentes aspirações da inteligência e da razão.

A todos oferece a calma interior, a paz, a resignação, a paciência e a fé inabalável no futuro. É, pois, o problema da regeneração e da felicidade humana que vem resolver.

Houve um longo silêncio. Um homem magro levanta-se e conta que veio da casa de um irmão agonizante. O irmão deseja uma oração e pede aos amigos que não o deixem de ver.

— Concentremo-nos! — diz de novo a voz expirante do presidente.

As frontes curvam-se, o médium toma o lápis. É Samuel que volta.

— Paz! — diz ele — A vaidade é um monte que nos separa do bem. Entretanto, irmãos...

Com a presença do espírito de Samuel, levantam-se todos e Richard faz a oração pelo irmão agonizante para que o guarde em bons céus.

Depois um arrastar de cadeiras, apertos de mão, riso, conversa. Está acabada a sessão. Leopoldo Cirne volta da sua transfiguração, recobrando a voz habitual e a cortesia de sempre.

Faço, receoso, um cumprimento aos seus dotes sagrados.

— Ah! sim? — faz ele, pasmado, como se nunca se tivesse ouvido.

Então peguei no chapéu, sorrateiramente. Esse constante estado flutuante entre a realidade e o invisível, essas fugidas ao espaço para conversar com os espíritos, a caridade evangélica do homem à beira do real, eram alucinantes. Desci as escadas devagar, aquelas escadas por onde subia sempre a romaria dos enfermos; na rua enxuguei a fronte, olhando o edifício, menos misterioso que qualquer clube político. E como passasse um bonde inteiramente vazio, refleti que esse bonde podia bem ser como o do marechal Quadros e voltei, a pé, devagar, para não dar encontrões nas pessoas que talvez comigo tivessem passado todo aquele dia do outro mundo.

Os exploradores

False Sphinx! False Sphinx! be reedy Styx
Old Charon leaning on his oar
Waits for my coin. Go thou before

Ao chegar à praça Onze, tomamos por uma das ruas transversais, escura e lôbrega. Ventava.

— É aqui, murmurou cansado o nosso amigo, parando à porta de um sobrado de aparência duvidosa.

Havia oito dias que já andávamos nós em peregrinação pelo baixo espiritismo. Ele, inteligente e esclarecido, dissera:

— Há pelo menos cem mil espíritas no Rio. É preciso, porém, não confundir o espiritismo verdadeiro com a exploração, com a falsidade, com a crendice ignorante. O espiritismo data de 1873 entre nós, da criação da Sociedade de Confúcio. Talvez de antes; data de umas curiosas sessões da casa do dr. Mello Morais Pai, a bondade personificada, um homem que andava de calções e sapatos com fivelas de prata. Mas, desde esse tempo, a religião sofre da incompreensão de quase todos, substitui a feitiçaria e a magia.

Foi então que começamos ambos a percorrer os centros, os focos dessa tristeza.

O Rio está minado de casas espíritas, de pequenas salas misteriosas onde se exploram a morte e o desconhecido. Esta pacata cidade, que há 50 anos festejava apenas a corte celeste e tinha como supremo mistério a mandinga do preto escravo, é hoje como Bizâncio, a cidade das cem religiões, lembra a Roma de Heliogábalo,[261] onde todas as seitas e todas as crenças existiam. O espiritismo difundiu-se na populaça, enraizou-se, substituindo o bruxedo e a feitiçaria. Além dos raros grupos onde se procede com relativa honestidade, os desbriados e os velhacos são os seus agentes. Os médiuns exploram a credulidade, as sessões mascaram coisas torpes e de cada um desses viveiros de fetichismo a loucura brota e a histeria surge. Os ingênuos e os sinceros, que se julgam com qualidades de mediunidade, acabam presas de patifes com armazéns de cura para a exploração dos crédulos; e a velhacaria e a sem-vergonhice encobrem as chagas vivas com a capa santa do espiritualismo. Quando se começa a estudar esse mundo de desequilibrados, é como se vagarosamente se descesse um abismo torturante e sem fundo.

---

[261] Imperador romano de 218 a 222, famoso pela depravação; adolescente de origem síria, era sacerdote supremo do deus Baal, cujo culto introduziu na capital imperial.

A polícia sabe mais ou menos as casas dessa gente suspeita, mas não as observa, não as ataca, porque a maioria das autoridades tem medo e fé. Ainda há tempos, um delegado moço frequentava a casa de um espírita da praia Formosa para se curar da sífilis. Se os delegados são assim apavorados do futuro, reduzindo a mentalidade à crença numa panaceia misteriosa, o pessoal subalterno delira...

— Veja você — disse-nos o amigo espírita — toda a nossa religião resume-se nas palavras de Cristo à Samaritana: "Deus é espírito e em espírito quer ser adorado." Essa gente não compreende nada disso, maravilha-se apenas com a parte fenomenal, com a canalhice e a magia. É horrível. Os proprietários dos estabelecimentos de cura anímica a preço reduzido exploram; o povaréu vai todo, aliando as crendices do novo às bagagens antigas. São católicos ou perdidos a servirem-se dos espíritos como de um baralho de cartomante.

Com efeito, todas as casas em que entramos estavam sempre cheias. Na maioria frequentam-nas pessoas de baixa classe, mas se pudéssemos citar as senhoras, as damas do *high life* que se arriscam até lá, a lista abrangeria talvez metade das criaturas radiosas que frequentam as récitas do Lírico. Alguns desses lugares equívocos não são só engodos da credulidade, servem de máscaras a outras conveniências. A sessão fica na sala da frente, mas o resto da casa, com camas largas, é alugado por hora a alguns pares de irmãos. O médium, nesses momentos, deixa o estado sonambúlico para servir o freguês, e um centro espírita revestido de mistério, com o aparato das portas fechadas, dos passes e das velas acesas, transforma a crença, cuja oblata[262] é a virtude máxima, numa nódoa de descaro sem nome.

Nós visitamos uns 50 desses milhares de centros. A cidade está coalhada deles. Há em algumas ruas dois ou três. Estivemos no Andaraí Grande, na rua Formosa, na estação do Rocha, na rua da Imperatriz, no morro do Pinto, na praia Formosa, no Engenho de Dentro, na rua Frei Caneca, na rua Francisco Eugênio, assistindo às sessões e ouvindo a vizinhança, que é sempre o termômetro da moralidade de qualquer casa.

Um pouco de ceticismo ou de simples crença basta para compreender a pulhice dessas pantomimas lúgubres.

Assim, há uma tropa de mulheres, a Galdina, da rua da Alfândega; a negra Rosalina, da rua da América; a Aquilina, da rua do Cunha; a Amélia do Aragão; a Zizinha Viúva, da rua Senhor de Matosinhos; a Augusta, da rua Presidente Barroso; a Tomásia, da rua Torres Homem, nº 14; que estabeleceu o comércio com consultas de 500 réis para cima — e praticam coisas horrendas, abortos, violações a preço fixo e tem trabalhos em que são acompanhadas de secretárias; há espíritas ambulantes, como o negro Samuel, que já foi cozinheiro, mora na rua Senador Pompeu nº 157 e vai de casa em casa fazer passes; há mulatos pernósticos, o Zizinho, da rua São

---

[262]Aquilo que, em qualquer religião, se dá aos sacerdotes como remuneração dos seus serviços.

Januário; o Claudino, da rua de Santana; o Joãozinho, da rua Sorocaba, com consultas noturnas; há portugueses como um tal sr. Carneiro, da praia Formosa, e o Simões, da rua Visconde de Itaúna, que exigem 20 réis de consulta e mandam os doentes comprar uma vela de cera e tomar um banho de cevada. Há de tudo, até sinetas,[263] rapazes de passinho rebolado, que quando não prestam mais para o comércio público estabelecem-se nas ruas do meretrício com adivinhações espíritas!

E nesse complexo notam-se os centros familiares, uma porção de centros, alguns dos quais dão bailes mensais e, quando não são casas de fabricação e loucuras levando à histeria senhoras indefesas, servem para a mais desfaçada[264] imoralidade e a mais ousada exploração.

No morro do Pinto, a feitiçaria impera. Numa sala baixa, iluminada a querosene, assentam-se os fiéis, mulheres desgrenhadas, mulatinhas bamboleantes, negras de lenço na cabeça com o olhar alcoólico, homens de calças abombachadas, valentes com medo das almas do outro mundo, que ao sair dali ou ali mesmo não trepidariam em enfiar a faca nas entranhas do próximo. As luzes deixam sombras nos cantos sujos. No momento em que entramos, o médium, em chinelas, é presa de um tremor convulso. Diante do estrado, uma portuguesa, com o olhar de gazela assustada na face velutínea,[265] espera. A pobre casou, o

---

[263]No texto: rapaz afeminado cuja voz lembra o som de uma sineta.
[264]Descarada.
[265]Aveludada.

marido deu para beber e, desgraça da vida!, bate-lhe de manhã, à noite, deixa-a derreada.

É a mãe dessa mulher que está dentro do médium. Todos tremem, de olhos arregalados.

De repente, o médium estarrece e por trás dos seus dentes, ouve-se uma voz de palhaço:

— Como estás, minha filha, vais bem?

— Ah mãe! Ah mãe! — murmura a portuguesita infeliz, aterrada, em meio ao palpitante silêncio.

— Que deve fazer sua filha? — pergunta o evocador.

— Ter confiança em Deus. Eu devia estar no inferno. A misordia[266] perdoou a mãe dela. Toda a desgraça vem de um bruxedo que puseram na soleira da porta.

— Quem foi? — faz a portuguesa, numa voz de medo.

— Uma mulata escura que gosta do seu homem. Ele vai ficar bom. Dê-lhe o remédio que eu receitar e crave um punhal no travesseiro três noites a fio.

Um homem magro, parecido com o general Quintino, faz uns passes; o médium volta a si num sorriso imbecil.

— Está satisfeita? — pergunta o espertalhão dos passes.

— A mãe! A pobre da mãe tão boa! — A portuguesa rebenta num choro convulso; uma negra epiléptica, velha, esquálida, começa a gritar numa crise tremenda, enquanto o homem magro brada:

— Está com o espírito mau! Está mesmo!

---

[266]Palavra não identificada; talvez seja um erro de impressão, significando "misericórdia".

Essas cenas sinistras são compensadas por outras mais alegres. Num dos nossos bairros, o médium dá sessões de manhã, evoca os espíritos para saber qual é o bicho que ganha e, como é vidente, vê os espíritos com formas de animais.

— É o burro, é o burro! — grita em estado sonambúlico, e a rodinha toda joga no burro.

No Andaraí Grande, o curandeiro é divertido e bailarino. Em vésperas de São João dá um bródio[267] de estalo com ceia copiosa e vinhaça de primeira. Este tem a especialidade das mulheres baratas. A rua de São Jorge, a da Conceição, a do Senhor dos Passos, a do Visconde de Itaúna lá extravasam a alma sentimental das meretrizes, dos soldados e dos rufiões. O nosso homem cura tudo: dartos, feridas más, constipações, amores mal retribuídos, ódios. É fantástico! As mulheres têm-lhe uma fé doida. O espiritismo para elas é o milagre, a intervenção dos espíritos junto de um poder superior. Antes de ir à consulta, ajoelham no oratório e vão com todos os seus bentinhos, as figas da Guiné, o espanta maus-olhados das negras-minas. Mas o cavalheiro do Andaraí é sagrado. Toda essa fé emana, dizem, de uma sua predição feliz. Uma mulher que voltava da Misericórdia recebeu por seu intermédio comunicação de que seria honesta; e três meses depois um homem sério levou-a. A suburra[268] do Rio venera-o, frequenta-lhe as festas e sustenta-o.

---

[267] Banquete com mesa farta e alegre.
[268] Relativo ao bairro Suburra da antiga Roma, onde se localizavam os boêmios e o meretrício.

— São infames. O lema do espírita é: sem caridade não há salvação. Seja a caridade deles. Quando não são isso, fazem das sessões, como o Torterolli, sessões de orgia pública... Não posso mais!

Afinal, naquela noite tínhamos resolvido acabar a travessia pelo *bas-fonds* da crença, com a alma entristecida pela visão de salas idênticas, onde o espiritismo substituía a bisca,[269] os espíritos servem de feiticeiros e dão remédios para pescar amantes; das salas que, como na rua de São Diogo, mascaram as casas de quartos por hora. A casa da rua transversal à praça Onze seria a última a visitar.

— Entre — disse o meu amigo.

Enfiamos por um corredor escuro, subimos. No patamar um bico de gás silvava, batido pelo vento da rua.

— Papai, dois homens — bradou uma voz de criança.

Logo apareceu, em mangas de camisa, um mulato de bigodes compridos, que se desmanchou em riso e amabilidades para o meu companheiro.

— A que devo as honras?

— As honras — como diz — deve-as ali aos irmãos. É um simpático que quer crer e anda, na dúvida, à procura da verdade. Que diz você da verdade?

— Verdade? Ora esta! Verdade é o espírito!

Fomos entrando para a sala de jantar, com móveis de vinhático e garrafas por todos os aparadores.

---

[269]Termo genérico para vários jogos de baralho para duas ou quatro pessoas.

— Nem de "prepósito" — fez o cabra. O médium está ali proseando com a gente.

O médium era um tipo de *hébeté*,[270] de quase cretino. Lourinho, de um louro de estopa, com a face cor de oca[271] e as gengivas sem dentes, é carteiro de segunda classe dos Correios. Tem a farda suja e a gravata de lado; durante todo o tempo em que o mulato nos conta as suas curas, ele sopra monossílabos e remexe a cabeça, dolorosamente, como se lhe estivessem enterrando alfinetes na nuca.

Um mal-estar nos invade, como o anúncio de uma grande desgraça.

— Há tipos que usam ervas para fingir que é espírito — diz o curandeiro. — Eu não; cá comigo é a verdade. Um desses araras[272] põe noz-vômica[273] na água para os doentes lançarem e diz que é o espírito limpando lá dentro. Pecado! Apre! Eu agora tenho um doentinho. Veio-lhe uma febre de queimar. A mãe não tem quase dinheiro, mas não o gasta na farmácia. Eu o curo logo...

De repente parou. Pela escada subia um tropel, e uma mulher magra, lívida, aos soluços, entrou na sala.

— Então que há?

— O pequeno está mal, muito mal, revirando os olhos. Salve-mo! Salve-mo!

---

[270]Imbecil; débil mental.
[271]Cor de argila; o mesmo que ocre ou ocra.
[272]No texto: o mesmo que tolo.
[273]Denominação popular das plantas de onde se extrai o tóxico estricnina, que provoca vômitos.

— É o tal que lhe dizia. Não se assuste, d. Aninha. Eu já lhe disse que o pequeno ficava bom; os espíritos querem... E para nós: venham ver.

Levou-nos ao terraço, ao fundo, mergulhou um litro vazio numa tina d'água, encheu-o, colocou-o em cima da mesa.

— Durma, Zezé, durma!

E esfregou as mãos na cara do carteiro, subitamente em pranto. O homem revirava os olhos, sacudia a cabeça.

— É o espírito; veio, quer que seu filho fique bom.. E de repente o diabólico começou a estender as mãos do carteiro choroso ao gargalo do litro.

— Não está vendo o espírito entrar? Olhe... — No litro cheio, bolhas de oxigênio subiam vagarosamente e a pobre mulher, agarrando a mesa, com os olhos já enxutos, seguia ansiada o milagre que lhe ia salvar o filho.

De repente, porém, uma voz estalou embaixo, na ventania:

— Mamãe! Mamãe! Depressa! Joãozinho está morrendo, Joãozinho morre!

Essas palavras produziram um tal choque que nós saímos desvairados, de roldão, com o mulato e a mulher, sentindo um travor de morte nos lábios, angustiados, lembrando-nos dessa criança que a inconsciência deixara morrer. E na ventania cortada de chuva, entre as variadas recordações dessa vida de oito dias horrendos pelos antros escuros onde viceja o espiritismo falso, a visão dessa criança perseguia-nos cruciantemente, como o remorso de um grande e infinito mal...

AS SINAGOGAS

Ontem, 14 de Hadar de 1664, eu assisti às cerimônias do carnaval nas sinagogas da Sion fluminense. O esperto Mardoqueu,[274] que tudo conseguira com a perfumada beleza de Ester, ao comunicar de Susa a sua luminosa vitória, ordenara para todo o sempre diversões e alegria nesse dia. Os filhos de Israel obedecem e, como a pátria de Israel é o mundo, nenhuma cidade ainda sofreu por não festejar data tão preciosa. No Rio, também ontem, cerca de quatro mil famílias divertiram, riram e beberam; divertiram-se com discrição, é certo, beberam sem violência, riram com calma, exatamente porque a gente do país de Judá tem a tristeza na alma e a tenacidade na vida.

As festas do *peisan*[275] foram copiadas dos persas pelos romanos. Os povos modernos copiaram dos romanos,

---

[274]Mardoqueu (ou Mordecai), judeu prisioneiro em Babilônia, era tio de Ester, que casou-se com o rei persa Assuero, obtendo deste a liberdade para seu povo. Fatos narrados no *Livro de Ester,* parte do *Velho Testamento da Bíblia.*
[275]Trata-se da festa do Purim (Festa das Sortes) que comemora a salvação dos judeus da Pérsia por Ester.

aumentando os dias de prazer e destruindo a intenção cultual da cerimônia. Quem assistiu à orgia contínua dos batuques carnavalescos talvez não possa compreender como cerca de dez mil judeus comemoram o 14 de Hadar com tanta modéstia e tanta correção.

Esses dez mil judeus divertiram-se, trocaram presentes, cantaram, ouviram mais uma vez a história da linda Ester, lida pelo *hasan*[276] nos sagrados livros, e cada um recolheu um momento o espírito para pensar em Mardoqueu, no rei Assuero e na maneira por que 60 milhões de antepassados foram salvos da morte e do patíbulo.

Entretanto, pela vasta cidade, ninguém desconfiou que tanta gente tivesse a alegria na alma.

É que os olhos de Israel são receosos, sempre curvados ao sopro das perseguições, sempre sábios. Festejaram sem que ninguém desse por tal...

O Rio tem uma vasta colônia semita ligada à nossa vida econômica, presa ao alto comércio, com diferentes classes sem relações entre elas e diferentes ritos.

Há os judeus ricos, a colônia densa dos judeus armênios e a parte exótica; a gente ambígua, os centros onde o lenocínio, mulheres da vida airada e *caftens*[277] crescem e aumentam; há israelitas franceses, quase todos da Alsácia-Lorena; marroquinos, russos, ingleses, turcos, árabes,

---

[276] Oficiante da cerimônia da sinagoga, cargo laico que não pertence ao rabinato.
[277] Explorador de mulheres; cafetão.

que se dividem em seitas diversas, e há os asquenazes[278] comuns na Rússia, na Alemanha, na Áustria; os falachas[279] da África, os rabanitas,[280] os caraítas,[281] que só admitem o Antigo Testamento, os argônicos e muitos outros.

Os semitas ricos não têm no Rio ligação com os humildes nem os protegem como em Paris e Londres os grandes banqueiros da força de Hirsh e dos Rothschilds. São todos negociantes, jogam na bolsa, veraneiam em Petrópolis, vestem-se bem.

Muitos são joalheiros, com a arte de fazer brilhar mais as joias e de serem amáveis. Franceses, ingleses, alemães, o culto desses cavalheiros apresentáveis e mundanos reveste-se de uma discrição absoluta. Uns praticam o culto íntimo, outros não precisam do *hasan* e fazem juntos apenas as duas grandes cerimônias: a Yon Kippur ou dia das lamentações e do perdão, e o ano-novo ou Rash-Hashana.

---

[278] Os judeus asquenazes, majoritários na Europa Central, seriam descendentes dos primitivos cazares (khazares), povo de origem turca que estabeleceu um reino no baixo Volga no século VII e se converteu ao judaísmo por volta do ano de 830.

[279] Os falachas, negros da Etiópia, seguem um tipo primitivo de judaísmo e pretendem descender do rei Salomão e da rainha de Sabá.

[280] Rabanitas ou rabinitas são chamados pela seita coraíta os judeus que aceitam o Talmude e a autoridade dos rabinos em comentar o Velho Testamento.

[281] Seguidores da seita judaica-ortodoxa caraíta ou coraíta, surgida na Pérsia no século VIII, e que rejeitam o Talmude (lei oral), baseando-se estritamente na Torá (lei escrita ou mosaica).

Algumas sinagogas já têm sido estabelecidas nas salas de prédios centrais para receber esses senhores. Atualmente não há nenhuma, estando na Europa quem mais se preocupava com isso.

As riquezas das nações estão nas mãos dos judeus, brada o antissemita Drumont, ao vociferar os seus artigos. A nossa também está, não porém nas dos judeus daqui, que são apenas homens ricos bem instalados nos bancos e na vida.

O outro meio, extraordinariamente numeroso, é onde vicejam o vício e a inconsciência, os rufiões e as simples mulheres que fazem profissão do meretrício. Essa gente vem em grandes levas da Áustria, da Rússia, de Marselha, de Buenos Aires, e habita na maior parte na praça Tiradentes, nas ruas Luís de Camões, Tobias Barreto, Sete de Setembro, Espírito Santo, Senhor dos Passos e nas ruelas transversais à rua da Constituição. Comem quase todas numas pensões especiais dessas ruas equívocas, pensões sujas em que se reúnem homens e mulheres discutindo, bradando, gritando. O alarido é, às vezes, infernal, porque, quase sempre numa briga de casal, ela explorada por ele, todos intervêm, dão razão, estabelecem contendas. Nessas casas guardam não raro uma sala para costura e outra destinada à sinagoga.

Há mais mulheres do que homens. Os homens são inteligentes, espertos, sabem e explicam com clareza; as mulheres são profundamente ignorantes da própria crença. Quase nenhuma sabe a data exata das festas, a sua duração, a sua razão de ser. É interessante interrogá-las, gastar algumas horas visitando as alfurjas[282] apartadas desta babel americana.

— Então vai à sinagoga?

— Oh! Aqui não há nada direito; em Buenos Aires sim.

— Mas você vai sempre a estas reuniões?

— Vou. Então podia deixar de ir?

— Por que vai?

— Porque tenho que ir. Quando saio de casa, deixo uma vela acesa.

— Por quê?

— É costume.

— A festa do ano-novo quantos dias dura?

Uma nos diz três dias, outra, oito, outras respondem vagamente. Entretanto, russas, inglesas, francesas, fazem questão de se dizer judias e obedecem à fé. No dia do Kippur, ou dia do perdão, do arrependimento e das lamentações, fecham-se os prostíbulos, todas elas vão às sinagogas improvisadas soluçar os pecados do ano inteiro, os pecados sem conta. Às quatro da tarde fazem uma refeição sem pão, sem carne e, desde que no céu palpita a primeira estrela, quando de novo Lúcifer brilha, não se alimentam mais, limpas de todos os desejos e de todas as necessidades humanas...

Esses judeus reúnem-se em qualquer parte, o mais letrado lê a história no tópico necessário, e choram e riem ou cantam, conforme é necessário, crentes ignorantes.

---

[282] Lugar frequentado por gente desclassificada.

As sinagogas ambulantes estão cada ano numa rua. As últimas reuniões deram-se na rua do Espírito Santo, na rua da Constituição e na rua do Hospício. É chefe de culto, dirigindo os convites e organizando as festas, uma meretriz, a Norma, que ultimamente introduziu no Rio o *entôlage*, o roubo aos fregueses.

A outra sociedade, a mais densa, é a dos armênios e dos marroquinos. Essa fez-se de grandes levas de imigração para o amanho[283] da terra, em que o Brasil gastou muito dinheiro. Os agentes em Gibraltar aceitavam não só famílias como homens solteiros. As colônias não deram resultado; no Iguaçu os colonos fugiam aos poucos, e em outros lugares foi impossível estabelecê-los, porque o povo até os julgava com chifres de luz como Moisés.

Os judeus-árabes[284] apareceram por aqui na miséria, mas aos poucos, pela própria energia, tomaram o comércio ambulante, viraram camelôs, montaram armarinhos e acabaram prosperando. Há ruas inteiras ocupadas por eles, naturalmente ligados aos turcos maometanos, aos gregos cismáticos e a outras religiões e ritos degenerados, que pululam nos quarteirões centrais.

Nas levas de imigrantes vieram homens inteligentes e cultos. O *hasan* David Hornstein é um exemplo. Esse homem cursou 12 anos a Universidade Talmúdica, é poliglota,

---

[283]Cultivo.
[284]Os judeus dos países árabes descendem dos que foram expulsos da Península Ibérica, em 1492 pelos reis católicos; são chamados Sefaradim ou Sefaraditas.

professor, correspondente de vários jornais escritos em hebreu e rabino diplomado da religião judaica. David estava na Palestina, na colônia Rishon l'Sion, uma espécie de companhia que o falecido barão de Rothschild instalara em terrenos comprados ao sultão, com grande ódio dos beduínos. Nessa colônia havia médicos, advogados, russos niilistas. O resultado foi a sublevação, que o amável barão, depois da morte do administrador, acabou, dispersando os amotinados. Vinte e dois desses homens, entre os quais David e o erudito Kulekof, que acabou rico em São Paulo, partiram para Bayreuth,[285] depois para Paris. Hirsh deu-lhe 500 francos, fazendo um discurso camarário.[286]

Os judeus revolucionários foram para Gibraltar e ali embarcaram para o Brasil. Todos acabaram com fortuna, menos o rabino, que ficou ensinando línguas, porque o sacerdote judeu não vive do seu culto.

É esta parte densa da colônia judaica que tem duas sinagogas, uma na rua Luís de Camões, 59 e outra na rua da Alfândega, 369.

A sinagoga da rua Luís de Camões é do rito argônico. Entra-se num corredor sujo, onde crianças brincam. Aos fundos fica a residência da família. Na sala da frente está o templo, que quase sempre tem camas e redes por todos os lados.

---

[285]Quase certamente um erro de impressão; deve tratar-se de Beirute, caminho natural de quem vai da Palestina para Paris — e não de Bayreuth, cidade alemã célebre pelo antissemitismo.
[286]Relativo à Câmara Legislativa; no texto: discurso empolgado e pomposo.

As Tábuas de Moisés negrejam na parede; a um canto está o altar, e na extremidade oposta fica a arca onde se guarda a sagrada história, resumo de toda a ciência universal, escrita em pele de carneiro e enrolada em formidáveis rolos de carvalho. Só nos dias solenes se transforma o templo. David Hornstein faz as cerimônias no meio da sala, no altar, envolto na sua túnica branca riscada nas extremidades de vivos negros, com um gorro de veludo enterrado na cabeça. Muito míope, o *hasan* é acompanhado de três pequenos que entoam o coro.

No altar, David retira a capa de veludo roxo dos rolos, abre-os da esquerda para a direita. Ao lado guiam-lhe a leitura com uma mão de prata. Aí, imóvel, sem se mexer, faz a oração secreta para que Deus o atenda e o perdoe de ser enviado e ousar rogar pelo seu povo.

Jeová naturalmente atende e perdoa. O *hasan* infatigável já tem desenhado 150 sepulturas, já praticou a circuncisão em cerca de 700 pequenos, já batizou, mergulhando em três banhos consecutivos, muitas meninas, já casou muitos judeus e prospera falando dos nossos políticos e citando os deputados com familiaridade.

A sinagoga da rua da Alfândega é muito mais interessante. Ocupa todo o sobrado do prédio 363, que é vulgar e acanhado, como em geral os do fim daquela rua. Sobe-se uma escada íngreme, dá-se num corredor que tem na parede as Tábuas de Moisés.

Aí vive outro Moisés, o *hasan*, com uma face espanholada e um ar bondoso. Na sala de jantar estão as paredes ornadas de símbolos, representando as doze tribos de Judá, e aí passam Moisés, ela de lenço na cabeça, ele com um chapéu de palha velho.

A sala da frente é destinada às cerimônias. Quase não se pode a gente mover, tão cheia está de bancos. No meio colocam o altar de vinhático envernizado, em que o *hasan* fica de pé lendo ou cantando.

Nas paredes apenas as tábuas, ao fundo a arca com as cortinas de seda, onde se guarda o sagrado livro. Do teto pendem presos de correntes brancas vasos de vidros cheios d'água onde lamparinas colossais queimam crepitando. Sobre o altar desce o lustre de cristal, chispando luzes nos seus múltiplos pingentes. Além de Moisés, há outro sacerdote, Salomão, tão devoto, que é o *khassidim*.[287]

Foi nesta sinagoga, indicada por um negro falacha, cuja origem vem dos tempos de Salomão e da rainha de Sabá, que eu assisti ao *peisan*.

— Oh! Eles são bons e se protegem uns aos outros — dizia o negro assombroso. — A vida do judeu pobre é a do pouco comer, do pouco gozar, do muito sofrer. Agora, fizeram a Irmandade de Proteção Israelita.

Eu olhava a turba colorida, a série de perfis exóticos, de caras espanholas e árabes, de olhos luminosos brilhando à luz dos lampadários. Havia gente morena, gente clara, mulheres vestidas à moda hebraica de túnica e alpercata, mostrando os pés, homens de chapéus enterrados na cabeça, caras femininas de lenço amarrado na testa e

---

[287]Chasside; adepto da corrente religiosa judaica surgida no século XVIII na Polônia, inspirada na Cabala.

crianças lindas. O *hasan*, paramentado, lia solenemente e toda aquela esquisita iluminação de baldes de vidro, fazendo halos de luz e mergulhando na água translúcida as mechas das lamparinas, aquele lustre, onde as luzes ardiam, eram como a visão de um sonho estranho.

Enquanto o *hasan* lia, com os pés juntos, sem mover sequer os olhos, com uma voz ácida tremendo no ar, todos tinham nas faces sorrisos de satisfação.

As cidades serão destruídas a ferro e fogo se não festejarem este dia do mês de Hadar. Nós festejamos. E diante das lâmpadas, para aquele punhado de judeus, a história desenrolava a maravilha de Assuero, que reinou desde a Índia até a Etiópia sobre 120 cidades. Era Susa, a capital maravilhosa, Ester suave e cândida, substituindo a rainha Vashi, Mardoqueu sentado à porta do templo sem adorar Aman, Aman forçado a levar Mardoqueu em triunfo, tudo por causa de uma mulher trêmula e tímida, que desmaiava, salvando 60 milhões de judeus e mandava matar 500 inimigos, pedindo concessões idênticas para as províncias.

Era a data dessa matança; festejava-se o dia em que Aman foi para o patíbulo que preparara para Mardoqueu, e o momento em que se espatifara Arisai, Phrasandata, Delphon, Ebhata, Foratha, Adalia, Aridatha, Phermesta, Aridai e Jeratha.

Mas daquele livro sagrado, entre aquelas iluminações, a fé destilava a suprema delícia. Era como se cada palavra recordasse os banquetes dados aos príncipes nos átrios do palácio ornado de pavilhões da cor do céu, da cor do jacinto e da cor da açucena; era como se cada período abrisse a visão das colunas de mármore, dos leitos de prata e ouro e dos pavimentos embutidos, onde esmeraldas rolavam...

Nós estávamos apenas numa sala estreita que fingia de sinagoga, no fim da rua da Alfândega.

Este livro foi composto na tipologia Elegant
Garamond BT, em corpo 12/16, e impresso em
papel off-white no Sistema Digital Instant Duplex
da Divisão Gráfica da Distribuidora Record.